海洋渔户转产转业的福利效应研究

张兰婷 著

中国财经出版传媒集团

经济科学出版社
Economic Science Press

·北京·

图书在版编目（CIP）数据

海洋渔户转产转业的福利效应研究/张兰婷著 . --
北京：经济科学出版社，2024.4
ISBN 978 - 7 - 5218 - 4065 - 0

Ⅰ. ①海… Ⅱ. ①张… Ⅲ. ①渔民 - 渔业政策 - 研究
- 中国 Ⅳ. ①F326.42

中国版本图书馆 CIP 数据核字（2022）第 184817 号

责任编辑：李一心
责任校对：孙　晨
责任印制：范　艳

海洋渔户转产转业的福利效应研究

张兰婷　著

经济科学出版社出版、发行　新华书店经销
社址：北京市海淀区阜成路甲 28 号　邮编：100142
总编部电话：010 - 88191217　发行部电话：010 - 88191522
网址：www. esp. com. cn
电子邮箱：esp@ esp. com. cn
天猫网店：经济科学出版社旗舰店
网址：http://jjkxcbs. tmall. com
北京密兴印刷有限公司印装
710 × 1000　16 开　12.5 印张　180000 字
2024 年 4 月第 1 版　2024 年 4 月第 1 次印刷
ISBN 978 - 7 - 5218 - 4065 - 0　定价：62.00 元
（图书出现印装问题，本社负责调换。电话：010 - 88191545）
（版权所有　侵权必究　打击盗版　举报热线：010 - 88191661
QQ：2242791300　营销中心电话：010 - 88191537
电子邮箱：dbts@ esp. com. cn）

前　言

改革开放以来，我国海洋捕捞技术不断提升，渔业生产规模持续扩大。然而，强大的海洋捕捞能力与有限的渔业资源之间的矛盾日渐突出，过度海洋捕捞已经威胁到海洋渔业可持续发展。同时，各级政府也连续出台多项政策旨在压缩近海捕捞产能，渔民捕捞时间和空间被大大压缩。在此背景下，大量渔户选择转产转业。此后，渔户转产转业问题受到学者的关注，积累了不少有益的经验。通过文献梳理发现，目前我国渔户转产转业受哪些因素影响以及渔户转产转业对家庭福利带来何种影响尚未得到应有关注。鉴于此，本书主要围绕"是什么""为什么""怎么样"的思路展开系统研究。在"是什么"的问题上，通过梳理涉海渔户转产转业相关研究文献及研究理论，界定相关概念的内涵；基于宏观统计数据和山东省五个地级市第一手微观调研数据，分析了涉海渔户转产转业的宏观和微观特征，剖析了当前我国涉海渔户转产转业存在的问题。在"为什么"的问题上，分析了涉海渔户转产转业的影响因素。在"怎么样"的层面上，通过构建渔户家庭福利指标体系，采用倾向得分匹配法（PSM）构建"反事实"分析框架，评估了渔户转产转业的福利效应。最后，从政府、企业、社区和渔户四个层面提出了相应的对策建议。

本书的主要贡献包括三个方面：一是在研究视角方面，本书运用可行能力理论，从增进渔户家庭福利视角评估转产转业效果，以期完善涉海渔户转产转业的制度和政策体系，增进渔民生活福祉；二是在研究内容方面，本书运用第一手调研数据，考察了涉海渔户转产转业的影响因素，重点关注了涉海渔户转产转业的福利效应；三是在研究方法方面，将双变量 Probit 模型和倾向得分匹配法（PSM）用于研究涉海渔户转产转业的影响因素及其福利效应研究。在影响因素的考察过程中，本书将意愿和行为纳入统一研究框架，充分考虑转产转业意愿对转产转业行为的影响，弥补 OLS 回归等单方程模型估计的缺陷；运用倾向得分匹配法（PSM）构建"反事实"分析框架，降低因渔户样本可能存在的"自选择"问题而产生的估计偏误。

基于以上研究，本书得出以下研究结论：

第一，选择转产转业的涉海渔户数量持续增加，涉海渔户个体层面呈现新特征，我国涉海渔户转产转业仍然存在较多问题。本书通过对 1978 年以来我国涉海渔户转产转业的发展历程及宏观数据分析发现：1978～2000 年，我国海洋捕捞生产渔船数量处于不断上升状态，2000 年以后，处于不断下降趋势；海洋捕捞产量在 1978～1996 年间处于不断上升态势，在 1996 年之后逐步下降；海洋捕捞人数在 1978～2000 年间呈上升趋势，在 2000 年以后呈小幅下降趋势。通过山东省五个地级市微观调研数据发现，转产转业的渔户家庭占据多数，转产转业渔户在户主和家庭资源禀赋以及转产转业地域、就业方向等方面表现出一些典型特征。涉海渔户转产转业过程中存在的主要问题表现在：渔民人力资本水平偏低；渔民就业观念陈旧；渔船资产专用性强；转产转业政策体系不健全；渔户社会保障不完善；转产转业的组织化程度较低。

第二，涉海渔户转产转业意愿对转产转业行为有积极影响，转产转业意愿和行为分别受不同因素的影响。本书利用山东省 356 个涉海渔户第一手调研数据，运用双变量 Probit 模型分析了涉海渔户转产转业意愿和行为的影响因素，并测算了相关因素影响涉海渔户转产转业意愿和行为的边际效应。结果表明，渔户转产转业的意愿和行为之间呈高度正相关。进一步的回归结果显示：转产转业意愿对转产转业行为具有积极影响。具体来看，户主为男性的渔户转产转业意愿和行为的可能性更大；年龄、文化程度、健康水平、赡养老人、耕地、互联网、城镇购房对转产转业意愿和行为影响不明显；技能培训、社会网络、便捷的交通、良好的宏观经济环境均有助于提升渔户转产转业意愿和行为的概率。拥有企业的渔村，渔户转产转业的可能性更大；渔户从事捕捞的年代越长，进行转产转业的概率越低；二三产业占比和转产转业补贴提高了渔户转产转业的意愿，但对行为影响不明显。

第三，基于可行能力理论构建渔户家庭福利指标体系，运用主成分分析法测度渔户家庭福利水平。通过描述性分析可以看出，已转渔户家庭福利水平高于未转渔户家庭福利水平。从不同市域层面来看，威海和青岛渔户家庭福利水平高于山东省平均水平，烟台、日照和潍坊家庭福利水平均低于山东平均水平；威海转产转业渔户家庭平均福利水平最高，青岛位居第二，烟台、日照、潍坊分别排在后三位。

第四，转产转业对渔户家庭福利具有显著的正向效应。考虑到样本可能存在的"自选择"问题，本书基于356个涉海渔户调研数据，运用倾向得分匹配法，构建"反事实"分析框架，评估渔户转产转业的福利效应。结果显示，转产转业对渔户家庭福利具有显著的正向效应，转产转业渔户福利水平显著高于未转产转业渔户。进一步选取住房条件、食物消费、医疗、教育等单一维度福利指标进行估计。结果显示，转产转业对食物消费、住房条件、教育三方面福利具有显著的正向影响，对医疗福利影响不显著。其中转产转业对渔户家庭食物消费福利提升水平最大，其次是住房条件，教育福利排在第三位。

第五，涉海渔户转产转业的福利效应存在异质性。本书从技能培训和就业方向两个维度考察转产转业福利效应的异质性。研究表明，是否参加转产转业培训对渔户家庭福利影响不显著；转到海水养殖业的渔户家庭福利改善最多，转到渔业第三产业的渔户家庭福利次之，转到渔业第二产业的渔户家庭福利排在第三位，转到渔业外二三产业的渔户家庭福利改善不明显。

基于以上研究结论，为推动渔户转产转业、提高渔户家庭福利，本书从政府、企业、社区、渔户四个层面提出相应的对策与建议。在政府层面，要健全转产转业补偿机制；创新转产转业培训机制；实施精准扶持政策；完善渔村社会保障体系。在企业层面，主动拓展渔民的就业空间；尝试"订单培训"模式；建立定向基金支持系统。在社区层面，要加大转产转业的宣传力度；发挥已转渔户的"示范效应"；完善渔民就业服务平台；提高渔户转产转业的组织化程度。在渔户层面，要转变落后的思想观念，努力提升自身能力。

目 录
Contents

>   >   >   >   >   >

第一章

绪　　论

第一节　研究背景与意义

一、研究背景

改革开放以来，我国海洋捕捞技术不断提高，海洋捕捞能力迅速提升。1978～2022年，全国海洋捕捞产量由308.16万吨增长到950.85万吨，增长了3倍多。2022年，海洋捕捞业总产值达2488.91亿元，占渔业总产值的16.47%①。然而，海洋捕捞能力的提升与有限的渔业资源之间的矛盾日渐突出，过度海洋捕捞已威胁到海洋渔业可持续发展。

首先，海洋捕捞技术快速发展，海洋捕捞能力日益提高。以动力机械化、网具化纤化、操作机械化为特征的海洋捕捞业技术逐渐成熟，抗风浪能力大大提升。一方面，海洋捕捞时间由季节性变为全年性，捕捞空间由沿岸内海扩大到外海，极大地提高了海洋捕捞能力。另一方面，随着捕捞技术的进步，原有生产要素配置下，捕捞成本相对降低，劳动生产率显著提高。在捕捞业仍有利可图的情况下，原有捕捞渔民受经济利益的驱使，处于"公地悲剧"的博弈环境下，纷纷更换大型渔船，

---

① 数据来源：《2023中国渔业统计年鉴》。

加大捕捞产能。受其他船只竞相使用新技术的激励，原有捕捞船只会增强捕捞的动力（Squires & Vestergaard，2013），吸引更多的渔民进入捕捞行业，从而导致捕捞产能持续过剩。

其次，海洋渔业管理制度发生根本变化，传统捕捞空间被大大缩减。20 世纪以前，沿海国家仅对本国领海水域具有管辖权，其他国家可在公海享有自由的捕鱼权。进入 20 世纪后，各国对海洋资源认识的提高，均加大了对海洋资源的开发，长期的过度捕捞严重威胁了海洋生物资源的可持续发展。为此，国际社会签订了《公海公约》（1958）、《捕鱼与养护公海生物资源公约》（1958）等国际条约，传统的捕鱼自由原则受到限制。特别是 1982 年通过的《联合国海洋法公约》确立的专属经济区制度，赋予沿海国家及其近海渔业专属管辖权，彻底结束了公海自由捕鱼的历史，这导致渔民捕捞空间压缩，渔民被迫转入近海海域，增加了对近海渔业资源的捕捞强度。与此同时，我国分别与日本、韩国、越南等国家签署双边渔业协定，使得海洋渔业开始由领海外自由捕捞向专属经济区过渡，大批渔船被迫撤出传统作业渔场挤入近海海域作业，进一步加剧了近海渔业资源的持续恶化。

为扭转近海捕捞能力过剩、渔业资源持续衰退的趋势，我国进一步采取了延长休渔期、加大海洋保护区建设等渔业资源恢复工作，加大了对近海捕捞能力的限制力度。自 1987 年起，我国对海洋捕捞渔船实行渔船数量和主机功率总量控制的"双控"政策。2003 年，农业部颁布《关于 2003—2010 年海洋捕捞渔船控制制度实施意见》，严格限制捕捞产量，而且在全国范围内实施沿海渔民转产转业工程。2017 年，农业部相继发布《农业部关于进一步加强国内渔船管控 实施海洋渔业资源总量管理的通知》和《农业部关于调整海洋伏季休渔制度的通告》，实行由单纯控制投入向投入和产出双向控制的转变。2019 年中央一号文件明确提出要降低近海渔业捕捞强度。2019 年，农业农村部发布《农业农村部关于施行渔船进出渔港报告制度的通告》，规定于 2019 年 8 月 1 日起施行渔船进出渔港报告制度，加大了渔获物的监控力度。

最后，环境污染导致近岸海洋生态环境遭到破坏，近海生态环境承载力持续下降（杨坚等，2002；王春蕊，2013；储英奂，2003）。海域是渔业资源生存和繁衍的主要场所，海域生态环境质量直接影响到渔业资源的兴衰。一方面，随着沿海地区工业化和城镇化的快速发展，生活污水、工业废水直接排入江河、湖泊、海洋等，成为污染近海海域环境的主要原因。另一方面，我国海水养殖业呈现高密度养殖格局，加之高施肥、高投饵料等问题，导致近岸海域水污染和水体的富营养化，严重破坏了海洋生态环境。此外，对海岸线、海岛等海洋资源的不合理开发利用，围填海、筑坝、建港、海上石油开采等海洋资源开发活动破坏了海洋生态系统平衡，影响了海洋资源的增殖与繁育，加剧了海洋渔业资源的衰竭。在海洋渔业资源加速衰退和政府连续出台旨在压减近海捕捞产能的政策背景下，大量渔民面临"无鱼可捕"的尴尬境地（宋立清，2007；同春芬等，2013）。同时，尽管渔民是广义农民的一部分，但与狭义的农民相比，渔民没有土地作为基本的生产资料，更不能从土地上得到任何保障。与城镇居民相比，渔民收入较低且在社会地位、职业选择、社会保障等方面均处于劣势。因此，已经习惯了"靠海为生"的渔民，一旦失去捕捞作业海域，使本身处于弱势地位的渔民生活更为窘迫。为此，大批渔户开始转产转业，从而导致一个新的社会群体——转产转业渔户的出现。

渔户转产转业是一种自发的生计行为，更离不开政策的引导和支持。针对渔户面临的资源环境与制度规制的双重压力，2001 年我国开始全面启动渔民转产转业工程，渔业主管部门相继出台了一系列旨在推动渔民转产转业的优惠政策，包括渔船报废补助、转产转业培训补贴及产业项目扶持等。例如，《海洋捕捞渔民转产转业专项资金使用管理规定》设立转产转业专项资金，从 2002 年起 3 年内，每年安排2.7 亿元资金用于转产转业补助。尽管政府出台的相关政策对促进渔民转产转业起到一定积极作用，一定程度上改善了渔户家庭生活（王雪等，2011），但是仍有一部分渔户还未转产转业。此外，福利的增进是行为决策和政策评价的重要标尺，渔户在转产转业之后家庭福利水平的变化值得关注。

在未来一个时期内，受海洋渔业资源持续约束，仍将有不少渔户面临着转产转业。本书在这样的背景下考察渔户转产转业影响因素及其福利效应，有利于加快推进渔户转产转业进程，对于完善渔户转产转业的制度和政策体系、增进渔民生活福祉、不断满足渔民对美好生活的向往具有重要意义。

二、研究目的

迄今为止，基于微观经验数据对渔户转产转业福利效应展开分析的文献比较鲜见。本书基于宏观数据和第一手微观调查数据，全面、系统地对渔户转产转业的总体特征、微观特征、影响因素进行剖析，在此基础上更加细致地分析了渔户转产转业的家庭福利变化情况，以期为更好地推动渔户转产转业、提升渔户家庭福祉提供参考。

本书重点研究和探讨以下问题：

（1）基于宏观数据和第一手微观调研数据，探讨我国涉海渔户转产转业的基本情况及存在的问题。

（2）基于渔户视角，采用计量经济学分析方法将意愿和行为纳入统一研究框架，科学识别影响渔户转产转业意愿和行为的关键因素。

（3）基于理论分析和实际调研，构建完善的渔户家庭福利指标体系，实证检验农户转产转业对家庭福利的影响。

（4）基于培训和行业视角，分析不同类型渔户家庭福利的异质性。理论上，转产转业技能培训有助于提升渔户家庭福利，这有待于通过实证分析进行检验。把握接受培训渔户和未接受培训渔户的福利差异，对于合理制定转产转业培训具有重要参考价值。深入了解转产转业到不同行业的渔户家庭的福利变化情况，有助于有针对性地提升渔户家庭福利。

（5）结合理论与实证分析，从政府、企业、社区、渔户四个层面提出改善渔户家庭福利状况的对策建议。

三、研究意义

1. 理论意义

第一，丰富了发展经济学的人口迁移理论。渔户转产转业涉及渔业劳动力非农转移，与传统的农业劳动力转移相比，一方面我国渔民不享有土地承包经营权，无法从土地获得生存保障；另一方面渔户家庭的渔船、网具等资产专用性较强，缩小了转产转业空间。同时，渔户转产转业更多依靠政策的引导，从而导致渔户转产转业决策与传统农户家庭劳动力转移决策存在差异。因而，本书考察渔户转产转业行为，有助于丰富发展经济学的人口迁移理论。

第二，拓展了家庭福利经济学研究体系。本书将家庭福利经济学理论延伸至渔户家庭，依据可行能力理论构建渔户家庭福利指标体系。在此基础上，首次将倾向得分匹配法应用于渔户转产转业的福利效应研究，探讨了不同类型渔户家庭的福利差异，对于丰富家庭福利经济学研究体系具有重要的理论意义。

2. 现实意义

第一，把握渔户转产转业关键症结，加快渔户转产转业进程。本书在系统梳理我国涉海渔户转产转业发展历程的基础上，基于宏观和微观调研数据，分析了我国涉海渔户转产转业的宏观和微观特征，有助于准确把握渔户转产转业的基本情况及存在的问题。将转产转业的意愿和行为纳入统一研究框架，深度剖析渔户转产转业意愿和行为的影响因素，有助于识别当前制约渔户转产转业意愿和行为的关键因素，从而为制定推动渔户转产转业发展战略提供经验指导，有助于加快渔户转产转业进程。

第二，为改善渔户家庭福利提供参考依据。福利增进是制度和政策评价的重要标准，也是衡量转产转业政策实施效果的标准之一。本书基于可行能力分析方法构建渔户家庭福利指标体系，采用第一手微观调研数据，运用计量分析方法研究渔户转产转业的福利效应。在此基础上，从异质性的视角分析不同类型渔户转产转业的家庭福利差异，对于完善转产转业政策、提高渔户家庭福利具有重要的现实意义。

第二节　国内外研究综述

本书从渔户微观层面研究渔户转产转业的现状、影响因素及其家庭福利变化，由此基于渔户、社区、企业和政府四个层面提出推动渔户转产转业及改善渔户家庭福利的对策建议。因此，本节主要从以下三个方面进行文献评述：一是渔民转产转业的现状分析；二是渔民转产转业的影响因素研究；三是渔民转产转业的福利效应研究。

一、渔民转产转业的现状分析

本节主要从以下方面梳理相关文献：一是农业劳动力转移的相关研究成果；二是渔民转产转业的成因；三是渔民转产转业存在的问题；四是渔民转产转业的路径。

1. 关于农业劳动力转移方面的研究

有限的海洋渔业资源与过剩的渔业劳动力之间的矛盾是渔民转产转业的根本原因。从这一角度理解，渔民转产转业具有渔业劳动力转移的性质。另外，渔业属于大农业范畴，与种植业等同属于二元经济结构中的一元。尽管渔业有自身的特殊性，但渔民转产转业问题仍然可以放在农村劳动力转移这一大背景下来认识。因此，农业劳动力转移的相关研究成果为本书提供了有益借鉴。

关于劳动力转移的相关理论，国外学者研究颇多，建立了多种经典理论模型。其中最为经典的是刘易斯二元经济结构理论、费景汉—拉尼斯转移理论、托达罗人口流动理论（Lewis，1954）。刘易斯二元经济结构下的人口流动理论认为发展中国家由传统农业部门和现代工业部门构成。若传统农业部门存在大量剩余劳动力，且劳动边际生产率接近于零或者等于零，那么工业部门只要在高于传统农业部门的工资水平就能得到无限的农村剩余劳动力供给。这一过程一直持续到农村剩余劳动力全部被工业吸收完为止。一旦农村剩余劳动力被转移完，农业劳动生产率就会提高，收入水平也会上升。此时，工业部门想要雇用更多的农村劳动力，就必须提高工资水平与农业竞争，农业部门就会像工业部门一样逐渐实现现代化，二元经济就变成了一元经济（张培刚等，2009）。20世纪60年代初，拉尼斯和费景汉批判了刘易斯模型假定劳动力无限供给的假设，在刘易斯模型的基础上，将农业部门的发展纳入研究框架。该模型强调工农业平衡增长的重要性，指出农村劳动力转移取决于农业技术进步、人口增长和工业资本存量的增长等因素。到20世纪70年代初，托达罗认为刘易斯模型无法解释城市存在大量失业人员而农业劳动力却不断涌入城市的原因。在此基础上，他提出了劳动力流动行为模型，假定农业劳动者迁入城市的动机取决于城乡预期收入差异，而不是实际差异，工资水平和就业概率共同影响农业劳动力的城市转移。

2. 关于渔民转产转业成因方面的研究

围绕海洋渔业资源持续衰退问题，学者们认为海洋渔业资源管理者应严格限制资源使用者，有效的方式是推动渔户转产转业。由渔业资源产权不明晰引发的过度捕捞已威胁到海洋资源的可持续开发与利用。据联合国粮食及农业组织（FAO）统计，全球约三分之一的渔业资源处于不可持续发展状态（FAO，2014）。针对这一问题，少数学者主张根据最大可持续差量（MSY）制定渔业管理政策（Ward & Kelly，2009），同时应将经济和社会因素纳入渔业管理政策研究框架，否则难以发挥政策的应有作用（Beddington et al.，2007）。大多数学者认为，渔具限制、许可证限制、减船政策、配额制等被称为退役计划，是解决海洋过度捕捞的有效政策工具（Holland et al.，1999），也是推动渔民转产转业的间接方式。北美、欧洲通过实施渔船回购计划，减少捕捞船只和捕捞执照，实现渔获能力和渔业可持续发展相一致（Gates et al.，1996）。韩国在实施许可证限制、渔具限制、封闭区域等措施仍然难以遏制海洋渔业资源下降的情况下，实施了渔船回购计划（Lee & Midani，2015），推动渔民"弃捕上岸"。皮琴（Pitchon，2011）以智利奇洛埃岛沿海社区渔户为研究对象，通过构建社会生态恢复指标，研究了渔户向水产养殖公司雇员转型后海洋渔业资源的变化情况。马歇尔等（Marchal et al.，2016）对比分析欧盟、新西兰、冰岛和澳大利亚等国家和地区的渔业管理政策，认为欧盟、新西兰、冰岛和澳大利亚等国家和地区是世界上渔业管理较早的国家和地区。尽管各个国家和地区采用的渔业管理政策具有一致性，但实施路径却大相径庭，产生的效果也具有一定的差异。杨坚等（2002）认为应以减船的方式调整海洋渔业产业结构，实现捕捞能力与渔业资源之间的平衡，不仅可以提高海洋渔业的经济效益，而且可以实现渔民的持续增收。

3. 关于渔民转产转业存在问题的研究

为有序推动渔民转产转业，学者们剖析了当前我国渔民转产转业存在的问题，积累了不少研究文献。黄蔚艳等（2005）认为渔民转产转业较难的原因在于渔民观念落后，对转产转业后的家庭生活心存顾虑。吴树敬和林传平（2006）从客观、主观、政策三方面分析了我国渔民转产转业的难点。在客观方面，渔民再就业空间狭窄；在主观方面，渔民文化程度低，缺乏其他就业技能；在政策方面，主要是转产转业补贴较少。李志国等（2008）探讨了象山县捕捞渔民转产转业面临的问题，包括资金短缺、渔船报废补助低、渔民观念落后、捕捞主体及其投入质量下降等。朱坚真（2009）分别从管理体制、政策目标、操作方式及政策效应等方面深入分析了我国渔民转产转业政策存在的主要问题。在管理体制方面，该政策由中央和地方渔业主管部门推进实施，行政管理代替了资源的产权管理；从政策的目标看，受海洋资源外部性影响，现行政策存在较多偏差，投入控制管理模式难以发挥作用；在操作方式方面，政策设计忽视市场机制的作用，渔船报废补助较低，渔业产权界定较困难；在政策的负面效应方面，渔船盲目扩张的现象仍然存在，海洋捕捞准入制度尚未建立。居占杰等（2010）分析了广东省渔民转产转业存在的困难，提出了加大政策扶持力度、拓宽就业渠道、实施转产转业培训、充分发挥渔业经济合作组织作用等建议。同春芬和黄艺

（2013）探讨了海洋渔民转产转业面临的双重困境，认为应完善渔业管理制度、改变以往"投入控制"管理模式，实行"产出控制"管理模式，加大海洋捕捞产量的控制力度。韩杨（2018）系统分析了1949年以来我国海洋渔业资源开发存在的问题，探讨了不同阶段采取的投入控制、产出控制、技术控制与配套政策等治理措施及治理成效有限的深层次原因，从产出控制、投入控制、投入监管、产出区划及配套政策等方面提出相应的建议。

4. 关于渔民转产转业路径方面的研究

目前，世界上有5000多万渔业劳动力从事小规模渔业生产（Berkes et al.，2001；FAO，2012；FAO，2014）。在产业发展高度专业化的背景下，小规模渔业利用不同的渔具开发多种渔获产品，不仅在保障人类食物供应方面发挥了重要作用，而且是渔民生计的重要来源。然而，全世界20%的渔民每天收入低于1美元，多数渔户家庭处于贫困状态（Béné et al.，2010）。随着近岸海洋生态系统的日益破坏，沿海渔业社区面临巨大挑战（Jackson et al.，2001；Lotze et al.，2006）。尤其在发展中国家，渔业管理机构由于缺乏资金、人力资本和政治资源，小规模渔业管理仍然存在较多问题（Thorpe et al.，2000；Berkes et al.，2001）。安娜·皮琴（Ana Pitchon，2011）测算了智利基洛岛渔业社区的社会生态弹性指数，发现该社区正处于从小规模渔业向水产养殖企业的雇佣劳动转变，实证分析了该社区的社会生态适应能力。欧洲通过设立渔业基金，加大对年轻渔民的创业支持（EC，2014b），鼓励渔民退出捕捞业。埃琳娜等（Elena et al.，2015）指出小规模渔业正面临渔业资源衰退挑战，集中治理和自我治理并不能较好地解决问题。即便共同管理被认为是一种有效的制度管理模式，但共同管理模式多样化的特点，导致实践中难以确定一种具体模式。鉴于此，他们主张实行以辅助性、合作伙伴关系、民主参与、多中心性和治理网络为目标，下放管理权力的多层次合作管理。论文以墨西哥西北部为研究区域，阐述了多层次共同管理的潜力、机遇和挑战，以推动小规模渔业治理改革。

国内关于渔民转产转业路径的研究起步较晚。大多数学者普遍认同捕捞业剩余劳动力转向海水养殖业、水产品加工业、海上交通运输业、休闲渔业等渔业内行业。但是，由于渔业内行业就业空间有限，应鼓励渔民向渔业外产业转移（邝绍倩，2004；陶顺君和同春芬，2010）。此外，有文献指出，应依托港口、城镇及海洋特色资源，完善联港联动机制、渔城联动机制、渔海联动机制，借助港口、城镇和海洋民俗特色资源，扩大渔民就业空间（王春蕊，2013）。

二、渔民转产转业的影响因素研究

随着海洋渔业过度捕捞问题日益突出，渔民转产转业也受到学术界的关注。国外学者在研究影响渔民转产转业因素方面积累了不少经验。一方面，政府管制是实现海洋渔业资源可持续发展的重要手段，然而，实际操作中，政策实施在带来正面效应的同时，也会产生负面效应（Hilborn，2007），特别是在忽视制度环境、生态环境及系统间的相互关系情况下，政策的实施可能会带来严重的后果（Degnbol & Mccay，2007）。霍曼斯和威伦（Homans & Wilen，1997）对瑞典海洋渔业进行研究，发现尽管瑞典对大部分渔业实行严格管制，但这并没有给渔民带来较大的经济回报。相反，也有研究指出当前的渔业生产经济回报率低于最佳水平（World Bank，2009；Worm et al.，2009），这是推动渔民退出捕捞业的重要原因。另一方面，制度分析是渔业管理学的重要研究内容，米格斯等（Miguez et al.，2008）从新制度经济学视角分析了加利西亚海洋渔业的发展概况，研究了该地区的机构设置与渔业管理之间的关系，研究了渔业治理的新制度发现，新制度的设立也是导致渔民离开海洋渔业的重要原因。此外，有学者基于经验数据对捕捞渔民行为的影响因素进行了实证分析。戴尔等（Dale et al.，2013）通过构建计量模型研究了市场结构对渔业开发的影响，认为农业价格上涨对捕捞业劳动力分配的影响具有不确定性，一方面降低了捕捞业的劳动价值，另一方面通过收入效应降低了渔民离开捕捞业的意愿。拉赫曼和斯密德林（Rahman & Schmidlin，2014）通过在古杜布迪亚岛（Kutubdia）上的渔村发放 300 份调查问卷,研究了自然灾害对渔村的影响,发现自然灾害如气旋、洪水、海岸侵蚀增加促使渔民流离失所,甚至离开捕捞业;文化程度对捕捞影响不大,但对于年龄小于 40 岁的年轻渔民来说,环境变化对渔民从事捕捞业的影响更大。诺丁等(Nordin et al.,2016)研究发现,技能的差别是导致渔民收入差异的主要因素,但是渔民决定是否继续从事渔业生产很大程度上取决于非金钱因素。科尔曼等(Coleman et al.,2018)对布里斯托尔湾和阿拉斯加科迪亚群岛地区 7~12 年级的学生进行调查,研究了影响学生对捕捞业态度的因素。发现有捕鱼经历对学生持有的对捕捞业的积极态度具有显著的正向影响,捕捞业收入在家庭生计中的重要性对学生从事捕捞业的积极态度没有显著的影响,年龄、对生活的认知及是否在接受调查的社区长大均与学生对捕捞的积极态度有关。此外,青少年对从事捕捞业的态度也受家庭、同辈及他人对自身期望的影响(Byun et al.,2012;White & Sandrine,2015;Schafft & Biddle,2015)。受渔业准入私有化带来的包括金融和其他社会经济挑战等在内的多种捕捞障碍的影响,年轻渔民从事捕捞业的难度比过去更大(Power et al.,2014;White,2015;Donkersloot & Carothers,2016),部分渔民被迫离开捕捞业。

从国内研究来看,不少文献对渔民转产转业的影响因素进行分析,取得了一些有益成果。目前,关于渔民转产转业影响因素的研究主要有三个层面:一是基于宏观层面。宋立清(2007)、同春芬和黄艺(2013)、王春蕊(2013)认为中国分别与日本、韩国、越南等国签署渔业协定,以及海洋专属经济区制度的实行减少了海洋捕捞作业空间,直接导致渔民失海,渔民选择转产转业。二是基于中观层面。储英奂(2003)认为除了外部条件的变化推动渔民转产转业外,渔业产业结构的内部矛盾是推动渔民转产转业的重要原因。三是基于微观层面。孙吉亭等(2008)认为经济因素是影响渔业劳动力转移的主要因素。朱晓莉等(2008)运用经验数据,分别从个体和家庭两个层面研究了上海淀山湖地区渔民转产转业的影响因素,发现年龄和文化程度正向影响转产转业行为,从事捕捞业的时间和捕捞业收入在家庭总收入中的比重负向影响转产转业行为。陈璋玲（2008）通过发放调查问卷，获取经验数据，探讨了渔民参与休渔的动机、阻碍因素及对海域使用的态度，结果显示渔民未感受到明显的动机促使其参与休渔，奖励金额少是渔民不愿参与休渔的重要原因。

三、渔民转产转业的福利效应研究

1. 关于福利效应方面的研究

围绕福利问题，国外诸多学者进行了较多的有益研究。在农业领域，学者们的研究主要集中在土地流转、农村劳动力就业、劳动力流动等方面。约翰逊等（Johnson et al.，2002）通过发放调研问卷，研究了英格兰南部地区农地流转后的农户福利变化情况。罗欧等（Roe et al.，2004）对美国俄亥俄州富兰克林县地区土地流转的福利变化情况进行了研究，发现农户对农地的估价是每亩 0.394 ~ 1.146 美元。奈特和古纳蒂拉克（Knight & Gunatilaka，2008；2010）提出了中国城乡居民的主观幸福感函数，发现中国农村家庭的幸福感明显高于城市富裕家庭，并从收入不平等、基础设施差距和安全程度等方面解释了这一现象。巴苏和阿纳布（Basu & Arnab，2013）基于最优补偿和劳动者福利视角，研究了就业保障计划对季节性农业劳动力市场的影响。近年来，不少国内学者对社会福利开展相关研究，集中在土地流转（彭开丽等，2009；高进云等，2010；高进云和乔荣锋，2016；魏玲和张安录，2017；王珊和张安录，2014；赵秀君和高进云，2019）和农村劳动力转移过程家庭福利变化（许洋，2018），还有学者研究了农村劳动力流动对儿童福利的影响（张晓敏，2016）。以上相关研究为本书研究涉海渔户转产转业的家庭福利效应提供了有益参考。

2. 关于渔民转产转业福利效应方面的研究

20 世纪 70 年代国外开始关注海洋资源保护问题。为实现海洋资源可持续利用，沿海国家和地区实施了诸如减船政策、渔具限制、捕捞许可证制度等渔业资源管理政策。与此同时，学术界围绕渔业管理政策的实施效应开展了较多研究，积累了不少经验。欧盟于 20 世纪 80 年代开始实施减船政策，该政策对推动渔业经济发展、保护海洋渔业资源发挥了重要的作用。但斯帕尼奥洛（Spagnolo，2004）指出，欧盟实施多年的减船计划（Multiannual Guidance Programmes）在不同国家的实施效果存在差异。例如，减船政策在意大利不成功，但在丹麦、挪威等国取得了显著成效。因此，欧盟各国在实施减船政策时，应根据各国实际情况进行适当调整，以充分发挥减船政策的应有效果。1995 年美国开始实施渔船回购政策，目标是以既定的预算收购最多的渔船，减少近海捕捞产能。瓦尔登和基茨（Walden & Kitts，2003）在深入分析渔船回购政策的基础上，设定了完全收购的自愿参与和保价预测模型，将模型的预测结果和收购渔船的影响进行比较，认为这是一个标准的减船政策的绩效评估样本。朱和卡姆帕斯（Chu & Kompas，2014）指出，在采取相应的政策措施解决海洋渔业资源过度捕捞时，不能忽略政策实施可能带来的负外部性效应。

除关注减船政策实施效果外，部分学者将目光转向政策对渔民福利的影响。少数文献对渔民参与的自愿性、公平性等问题进行研究。温宁格和奈尔麦康（Weninger & Mcconnell，2000）将古诺投资模型用于渔获管制分析中，探讨了渔船回购前后投资的平衡性，识别了渔船回购计划后的福利效应，包括净福利效应的收益、损失及分配效应。认为厘清渔船回购计划的经济福利效应可以用来改善回购计划，同时阐述了回购计划为渔业生产带来净福利效益的条件，净福利效应取决于剩余船舶取代回购资本的能力、资本的替代速度以及资本投资的不可逆性。只有在特殊的技术和资本市场条件下，净福利效应才是正面的。斯夸尔斯（Squires，2010）分析了渔船回购的原因和影响，研究了信息不对称、回购拍卖设计及其他问题，认为回购是一种向具有强大产权和管理、融资和跨国的合理化产业的转换方式，在吸取国际经验的基础上，全面评估了回购政策的实施效果。由于渔船回购计划减少了捕捞过程中投入物的可获得性，从而减少了用于捕捞业的工作量。而工作量减少产生的经济效益必须与增加的成本进行权衡。安德森（Anderson，1985）分析了渔业管制中限制渔具和限制许可证所带来的经济效应。坎贝尔和林德纳（Campbell & Lindner，1990）研究了渔业许可证限制项目带来的经济效益和捕捞能力的变化。霍伦（Holen，2009）研究了阿拉斯加农村社区通过家庭捕捞经验向青少年传播传统价值观，以及捕捞方式对社区福祉的影响。努南（Nunan，2014）首先介绍了渔业资源管理的两种方法：一种是获取财富但限制使用权；另一种是维持就业机会，为社区发展提供福利。研究发现，第一种方法获得较高的支持率，但由于缺乏政治支持，在实施过程中遇到较多障碍，实施效果较差。第二种方法是向渔业社区提供更多的服务投资，增加渔业管理政策的福利效应。尽管上述两种方法并不相互排斥，但追求财富必须以支持生计、就业和发展以及渔业管理为目标，并将福利纳入研究框架，否则渔业政策就难以得到政治支持，因此财富、福利及渔业政策之间需要取得平衡性，才能有助于改善社区福利。

在渔民转产转业实施过程中，国内不少学者对转产转业的实施效果进行了评价。相比大陆，我国台湾地区于 20 世纪 90 年代开始实施减船政策，学者们陆续开始对此项政策的效果进行分析。大陆关于渔民转产转业研究起步较晚。2003 年财政部和农业部颁发《海洋捕捞渔民转产转业专项资金使用管理规定》后，学者们将研究的焦点转移到渔民转产转业政策的效应上。朱坚真等（2009）对北部湾渔民转产转业的政策进行评价，发现"双转"政策仍然存在政策设计偏差、支持力度较小等问题。王雪等（2011）运用模糊综合评价法构建渔民转产转业政策绩效评估指标体系，对湛江渔民转产转业政策实施绩效进行评估。陈莹超等（2014）对山东日照市渔民转产转业前从事捕捞与转产转业后从事渔家乐进行对比评估，发现渔民转产转业后的经济效益明显提高。

四、研究述评

综合国内外研究可以发现，由过度捕捞引发的海洋渔业资源管理问题受到国内外学者的广泛关注，学术界围绕渔民转产转业的现状、影响因素及福利效应等做了一些有益的研究，推动了渔民转产转业理论和实践的发展，为本书研究涉海渔户转产转业的影响因素及其福利效应奠定了理论基础。但是，现有文献关于转产转业的研究仍然存在较多问题，有待深入研究。

在渔民转产转业现状分析方面，本书从劳动力转移的相关研究成果、渔民转产转业的成因、渔民转产转业存在的问题及路径等方面展开。渔民转产转业与劳动力转移具有共性，因此，劳动力转移的相关成果一定程度上为本书研究渔户转产转业的影响因素提供参考。鉴于海洋渔业资源的过度捕捞是渔民转产转业的主要原因，国外学者普遍主张通过限制资源使用者的方式降低海洋捕捞能力。渔业管理部门通过实施渔具限制、许可证限制、配额制、减船等政策，间接迫使部分渔民退出捕捞业，降低捕捞产能。由于各国资源禀赋不同，导致渔业管理政策在不同国家和地区的效应具有较大的差异。值得注意的是，国外文献的研究重点集中在渔业资源的可持续问题上，并没有对被迫退出捕捞业的渔民进一步开展研究，渔民退出捕捞业面临的问题是什么，国外文献并没有给出相应的研究。不同的是，我国在解决海洋渔业资源衰退问题方面主要从减少捕捞产能着手，以直接的方式推动渔民转产转业。因此，国内不少文献对渔民转产转业中存在的问题做了较多研究。遗憾的是，现有文献主要从渔民个体的视角分析渔户转产转业存在的问题，没有全面考虑渔户家庭面临的挑战。随着我国工业化、城镇化进程的加速推进，渔户转产转业面临新的机遇和挑战，现有文献缺乏基于新时代背景下对转产转业问题的重新审视和判断。因此，需要理顺渔户转产转业的发展历程，全面把握渔户转产转业的宏观特征和微观特征，深入剖析当前涉海渔户转产转业存在的新问题，为推动涉海渔户转产转业提供经验证据。

在渔民转产转业路径方面，现有文献提出了一些有益的观点。国外学者认为应对小规模渔业生产者进行管理，更多的是从制度层面展开研究，并没有对渔业生产者退出捕捞业的具体路径进行深入分析。国内学者虽然明确给出了渔民转产转业的路径（海水养殖业、水产品加工业、滨海旅游业等），或者提供了解决渔民就业的新空间（城镇、港口等），但多数文献是基于定性分析，缺少数据支撑，导致渔民转产转业路径的相关研究带有一定的主观性。因此，有必要基于微观数据分析当前渔民转产转业的主要方向。在此基础上，基于行业异质性视角分析转到不同行业的渔户家庭福利变化。根据家庭福利变化实证结果，合理引导渔民转产转业的就业方向，有针对性地提出完善渔户家庭福利的对策与建议。

在渔民转产转业影响因素方面，国内外众多学者已取得了一定的研究成果，但在以下方面仍需要深化研究：一是在研究方法上，多数文献以定性分析方法展开研究，缺乏系统客观的定量研究。二是在研究内容上，现有文献对渔民转产转业影响因素的研究主要从成因的视角展开，局限于经济因素、宏观政策等，研究内容比较单一且缺乏理论探讨，尚没有文献对渔民转产转业的影响因素进行系统探究。三是近些年来有学者对淡水渔民转产转业的影响因素展开实证研究，对本书研究涉海渔户转产转业提供了有益的借鉴，但鲜有文献针对涉海渔户开展研究。关于涉海渔民转产转业影响因素的研究缺乏经验数据支撑，主观性较强，得出的结论也会存在偏差。现实中，影响涉海渔户转产转业的因素不仅包括主观因素，而且包括客观因素。究竟哪些是影响涉海渔户转产转业的关键因素，尚需要经验数据的系统分析。本书基于渔户视角，运用微观调研数据，将渔民个体、渔户家庭、村庄、宏观经济环境、政策等方面的因素纳入统一研究框架，既考虑主观因素，又考虑客观因素，深入探讨了涉海渔户转产转业的影响因素。

在渔民转产转业的福利效应方面，国内外学者已经积累了丰富的研究成果，为本书深入分析涉海渔户转产转业的福利效应提供了重要参考，尤其是国内外文献将福利经济学应用于农业领域。关于土地流转、农业劳动力转移对家庭及个人福利影响的研究，为本书研究转产转业的渔户家庭福利效应提供有益借鉴。具体到渔民群体，尽管国外并未直接给出推动渔民转产转业的政策，但减船政策的实施间接致使渔民从捕捞业转向其他行业。国外关于渔业政策的效应评估更多的是侧重于该政策对海洋渔业资源恢复的正向效应，忽视了政策实施对渔民造成的影响。大部分文献主要基于宏观层面进行研究，缺乏基于微观层面展开的分析，因此，得出的结论往往会夸大政策的利或弊，从而误导政府的渔业政策干预。国内学者在对转产转业政策评价时，同样侧重于对海洋渔业资源的效果评估，忽视了该政策对渔户家庭的福利影响。目前，尚未有文献对涉海渔户家庭福利开展系统深入研究，显然这与当前全面建设社会主义现代化国家及坚持以人为本、增进民生福祉的理念不相符。尽管实现海洋渔业资源的可持续利用是推动渔民转产转业的重要目标，但最终落脚点是人，促进渔民持续增收，实现渔户家庭福利的最大化。因此，深入分析涉海渔户转产转业的福利效应具有现实基础。本书基于渔户微观视角，构建计量经济模型，以经验数据重新检验渔户转产转业带来的福利效应。

第三节　主要内容、研究方法与技术路线

一、主要内容

本书研究内容共分为九章：

第一章，绪论。本章主要介绍本研究的研究背景、研究目的与研究意义。综述国内外相关研究动态，确定研究方法、研究内容和技术路线，提出本书的主要创新点。

第二章，相关概念与理论基础。本章对涉海渔户、涉海渔户转产转业及渔户家庭福利等概念进行辨析，系统梳理成本—收益理论、推—拉理论，计划行为理论、福利经济学相关理论，为后文进一步研究涉海渔户转产转业的影响因素及其福利效应奠定理论基础。

第三章，涉海渔户转产转业的现状与问题。本章系统阐述我国涉海渔户转产转业的演化过程。基于宏观数据分析我国涉海渔户转产转业的宏观特征。运用第一手微观调研渔户数据深入分析涉海渔户转产转业的微观特征，包括户主和家庭特征、地域分布、行业分布、时间分布、决

策模式及意愿特征等，深入研究了我国涉海渔户转产转业存在的主要问题。

第四章，涉海渔户转产转业的影响因素分析。在前三章分析的基础上，本章构建渔户转产转业决策方程，分别从户主特征、家庭特征、村庄特征、宏观环境、政策变量五个层面提出研究假设，运用双变量Probit 模型实证分析转产转业意愿和行为的影响因素，并对实证结果进行深入分析。

第五章，涉海渔户家庭福利测度。基于可行能力理论框架，本章构建渔户家庭福利指标体系，运用主成分分析法实证测度涉海渔户家庭福利水平。

第六章，涉海渔户转产转业的福利效应分析。本章运用倾向得分匹配法构建"反事实"分析框架，以第五章测度的渔户家庭福利指数作为福利效应的代理变量，实证分析已转渔户和未转渔户的福利差异。进一步选取住房条件、食物消费、教育和医疗四个单指标作为福利的代理变量进入模型深入分析转产转业对渔户家庭不同福利内容影响的差异。

第七章，涉海渔户转产转业福利效应的异质性分析。基于培训异质性视角，深入分析接受转产转业技能培训和未接受转产转业技能培训渔户家庭福利的差异，为完善转产转业培训制度，改善渔户家庭福利提供参考。基于行业异质性视角，探讨转到不同行业的渔户家庭福利的差异，以期为精准完善不同产业发展政策，有效提升渔户家庭福利提供证据。

第八章，对策建议。基于上述分析，本章分别从政府、企业、社区、渔户四个层面提出了推动涉海渔户转产转业、提升渔户家庭福利的相关对策建议。

第九章，研究结论与展望。基于以上研究，本章系统总结了论文研究结论，指出本书存在的不足及今后研究的方向。

二、研究方法

在国内外相关文献梳理的基础上，本书运用宏观数据及第一手微观调研数据对我国涉海渔户转产转业的基本情况、影响因素及其福利效应进行深入细致的研究。在具体研究过程中，综合采用了文献梳理法与文本研究法、横向和纵向的梯度比较分析法、多层次座谈与调研、实证分析与规范分析相结合等方法进行了系统研究。具体内容如下：

（1）文献梳理法与文本研究法。通过网络数据库收集、阅读与本书相关的国内外文献，厘清研究脉络，明晰现有研究的不足，为本书研究内容创新提供参考。关于涉海渔户转产转业的演化过程，本书采用文本研究方法。充分收集已有的研究成果、学术专著、研究报告和政策文件，对文本信息进行梳理，总结我国涉海渔户转产转业的演化过程。

（2）横向和纵向的梯度比较分析法。比较分析法包括历史比较（时间维度比较）和空间比较方法。本书综合运用时间比较法和空间比较法，对同一地区不同年份渔户转产转业的情况进行对比分析，对同一年份不同地区渔户转产转业的情况进行比较分析。

（3）多层次座谈与调研。本书选择不同层面的利益相关者进行访谈，召开相关专家座谈会，拓宽研究思路。除前往部分渔村进行实地调研与访谈外，还到访海洋与渔业局等相关部门了解当前涉海渔户转产转业情况，积极寻求专家、学者的建议，更好地提炼问题、丰富内容、深化研究。

（4）实证分析与规范分析相结合。本书第四章、第六章和第七章运用实证分析方法，通过构建计量经济模型识别影响涉海渔户转产转业的关键因素，测算涉海渔户转产转业的福利效应。第二章采用规范分析方法梳理相关基础理论，通过规范研究，提出改善渔户家庭福利的对策建议。

三、技术路线

图 1-1 给出了本书的技术路线图，具体如下所示：

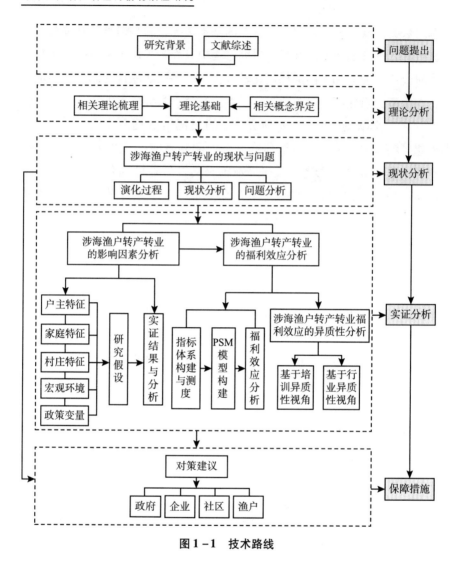

图1-1 技术路线

第四节 主要的创新点

本书可能的创新点有以下三个方面：

第一，在研究视角方面，基于渔户家庭福利视角评估转产转业的效果。与已有研究相比，本书运用可行能力理论，从增进渔户家庭福利视角评估转产转业效果，完善渔户转产转业的制度和政策体系，提升渔民生活福祉，满足渔民对美好生活的向往。

第二，在研究内容方面，运用第一手调研数据，考察了渔户转产转业的影响因素，在国内首次分析了渔户转产转业的福利效应。与已有文献进行定性研究不同，本书从户主特征、家庭特征、村庄特征、宏观经济环境以及政策变量五个方面较为全面地构建渔户转产转业的影响因素。论文基于可行能力理论构建了渔户家庭福利指标体系，对渔户家庭福利水平进行测度，兼顾市域层面、转产转业渔户和未转产转业渔户福利效应的多元比较分析，评估了转产转业对渔户家庭福利的影响。

第三，在研究方法方面，将双变量 Probit 模型和倾向得分匹配法（PSM）用于渔户转产转业的影响因素分析及其福利效应研究。与已有文献分别研究转产转业意愿和行为不同的是，本书将意愿和行为纳入统一研究框架，采用双变量 Probit 模型，充分考虑到转产转业意愿对转产转业行为的影响，弥补了 OLS 回归等单方程模型估计的缺陷。考虑到样本渔户可能存在"自选择"问题，本书运用倾向得分匹配法（PSM）构建"反事实"分析框架，降低估计偏误。

第二章

相关概念与理论基础

第一节　相 关 概 念

一、涉海渔户

准确理解"渔户"的含义，关键是把握好"渔民"和"家庭"两个概念。联合国粮农组织将"渔民"定义为从事捕捞渔业的个体。《辞海》对渔民的解释是指传统捕捞者。《中华现代汉语词典》将渔民定义为以捕鱼为生的人，在渔船、固定平台或岸边捕鱼的个体，不包括水产加工人员和商人。可以看出，联合国粮农组织和《辞海》中的渔业仅指捕捞业，不包括水产养殖业。随着渔业的快速发展，养殖业已成为渔业的重要组成部分。因此，现代意义上的渔民包括养殖业渔民，亦即渔民包括传统渔民和现代渔民两个范畴，传统渔民仅指捕捞作业渔民。根据《水产词典》对渔民的界定，传统渔民是指从事渔业生产，依托渔业为生的渔民，隶属于渔业村、渔业乡的劳动者。现代渔民既包括捕捞者，也包括从事养殖业、水产加工业与运输业的社会群体。

根据《辞源》的注解，"家庭"是以婚姻和血缘关系为纽带的基本社会经济单位，它依靠忠诚、规范和利他主义实现自身的经济和社会任务，具有相应的经济功能和社会功能。此外，家庭不仅为其成员的健康发展提供良好的环境、丰厚的物质，而且有能力应对和处理各种家庭突发事件（关江华，2014）。通常，个人不直接依赖于社会，而是作为成员依赖于家庭。

根据"渔民"和"家庭"的概念，本书的"渔户"是指现代渔户。一般情况下，渔村家庭主要由父母和子女组成，家庭成员居住在同一块宅基地内，进行生产和消费，具有明显的分工。单独研究个体的福利状况会因家庭成员在家庭中的分工不同而对研究结果产生影响，导致家庭内部成员福利状况的差异较大。在渔村，渔户是从事近海捕捞的主体，调查问卷主要是通过与一家之主进行访谈填写而成。因此，本书确定渔户家庭为研究对象更合适，具体定义为：以血亲或姻亲关系为基础、以拥有共同的宅基地为条件而组成的渔村家庭，是能够选择风险最小、追求家庭效用最大化的微观主体。

渔业按水域可以分为海洋渔业和淡水渔业。由于本书的研究对象是海洋渔业，因此渔户具体指涉海渔户。涉海渔户的内涵意义：

（1）涉海渔户是以血亲或姻亲关系为纽带组成的渔村家庭，因拥有共同的宅基地而生活在一起；

（2）涉海渔户由户主和家庭成员组成，他们之间既有共同目标又存在合作关系；

（3）涉海渔户是一个可以进行独立决策的生产和消费单元，其行为选择的主要目的是规避风险、实现家庭福利最大化。

二、涉海渔户转产转业

随着海洋渔业资源的衰退，捕捞渔户为维持生计，开始"弃捕上岸"，从事捕捞业以外的生产活动，从而衍生出诸如转产转业、渔业劳动力转移、"双转"等词汇。其中，最常用的是"转产转业"一词，该词在《辞海》《辞源》中均无解释，甚至在外文中也难以找到与转产转业对应的词汇，具有显著的中国特色。对于转产转业的定义，学术界从不同的视角给出了其概念，比较有代表性的观点主要有：

（1）渔民转产转业是"通过渔船报废拆解，将捕捞业渔民转移到其他行业，减少捕捞业劳动力数量，降低海洋捕捞产能，从而实现海洋捕捞与海洋渔业资源的动态平衡"。

（2）渔民转产转业本质是指"渔业劳动力由传统渔业向其他产业转移，通过劳动力转移促进渔业产业结构转型升级，实现资源的优化配置"。

（3）渔民转产转业是指"在捕捞能力不断膨胀和渔业资源日趋衰退的严峻形势下，为解决沿海渔民的就业与生存，实现渔区经济发展和社会稳定，鼓励捕捞渔民从捕捞业转到海水养殖业、水产加工业、休闲渔业等产业，或直接到渔业外产业就业的行为"。

从中可以看出，尽管学者们对转产转业的概念理解有所不同，但总的来看，将剩余的渔业劳动力从捕捞业转移到其他行业得到学界的普遍认可。因此，在一定程度上，涉海渔民转产转业与捕捞业劳动力转移具有一致性。

在界定转产转业的概念之前，有必要厘清农村劳动力转移与渔民转产转业的关系。第一，从渔民转产转业的性质来看，渔业属于大农业范畴，与种植业同属于二元经济结构中的一元。有限的海洋渔业资源与过剩的渔业劳动力之间的矛盾是渔民转产转业的根本原因。如果过剩的渔业劳动力继续留在渔村，不仅不会提高渔业产出，而且会加剧资源衰退，其结果是渔业劳动力边际生产率为零甚至为负，这符合二元经济结构特征。因此，渔民转产转业是农村剩余劳动力转移问题在渔村的表现形式，是我国二元经济结构下的必然选择。第二，从渔民转产转业的路径看，渔民从捕捞业转向海水养殖业、水产加工业、船舶修造业、休闲渔业及其他服务业等，这与劳动力从农业部门转向非农部门具有一致性，是产业层面的转产转业。另外，部分渔民从渔村转移到城镇，从事渔业产业外的生产活动，从渔民转换成市民，这与劳动力从农村转移到城镇具有一致性，是地域层面的转产转业。因此，渔民转产转业问题可以放在农村劳动力转移这一大背景下来认识。然而，渔业生产对渔船、渔具等生产要素需求与农业生产对生产要素需求的不同，导致渔民转产转业又有自己的特殊性。通常，一艘渔船会支撑一个渔户家庭或者几个渔户家庭从事捕捞业，一旦渔船报废，整个渔户家庭会放弃捕捞业。实际调研中发现，一个家庭一旦有一个劳动力转产转业，其他成员会采取随从策略，实现整个家庭转产转业，渔民的转产转业普遍以户为单位。鉴于此，本书的研究对象是渔户，根据学术界对渔民转产转业相关概念的定义，将涉海渔户转产转业定义如下：涉海渔户转产转业是指以缓解近海过度捕捞和持续改善渔户家庭福利为目标，引导 18 ~ 65 周岁的劳动力从近海捕捞业转向海水养殖业、水产品加工业、流通业、服务业等行业，最终实现整个渔户家庭放弃捕捞业的行为。

三、渔户家庭福利

研究渔户家庭福利，首先要明确福利的内涵。多数学者将福利的内涵定义为"效用"或"偏好"。新古典经济理论认为，效用是个体的福利指数，表达的是主观的事物，将快乐作为个体行为的最终目的。福利经济学的创始人庇古将福利定义为个体获得的满足感，不仅可以用效用代替，而且可以用基数度量和比较。庇古根据福利包含内容的多少将其划分为广义的福利和狭义的福利。其中，广义的福利是指社会福利，包括"家庭幸福""充足的闲暇时间""自由""舒适的生活""受尊重"等；狭义的福利指经济福利，即用货币衡量的商品和服务。联合国社会开发研究所（1999）把人的需求分为基本的身体需求、基本的文化需求和更高层次的需求三部分，基本的需求得到满足后，人们追求更高层次需求的过程即是福利。日本学者康子（1998）认为福利不仅包括心情等主观因素，而且是个体追求幸福生活的动态过程。国内学者周弘（1998）认为，福利是能给人带来幸福的因素，包括物质因素和精神因素。

从学者们对福利内涵的定义可知，福利包含效用、偏好等，普遍认可"福利、效用、偏好存在密切关系，多数情况下三者可以等价使用"的观点。此外，"满意度""幸福感"等被用来衡量福利。其中"满意度"反映了家庭福利；"幸福度"侧重于主观感受，认为幸福主要来自精神，而不是物质。因此，快乐被视为福利，体验到的满足感也是福利

（黄有光，1991）。此时，福利即主观评价，是个体对自身发展状况的心理体验。

随着学术界对福利内涵的深入研究，森认为财富和商品等经济因素仅仅是获取福利的方式，主张用功能和可行能力衡量福利。其中功能是人们通过努力或技能实现的活动或状态，能力是个体实现的各种功能性的组合，能力的大小反映了个体的实际机会和进行选择的自由（Sen，1993）。古登斯（Anthony Gtiddens）认为福利是人的幸福、健康、心态、自我价值等的实现。

综上可知，福利主要基于消费或收入，获取一系列物质、非物质、主观、客观需求的动态实现过程。根据个体福利的内涵及家庭的功能，本书将渔户家庭福利定义为：在维护家庭伦理的前提下，为维持家庭正常运转，以渔户家庭内部义务或消费的方式，实现成员个体及家庭整体效用或主观幸福感的最大化。结合可行能力理论，渔户家庭福利主要包括以下方面：通过消费获得的效用①、收入、就业满意度、受教育权利、健康状况、医疗、住房条件、居住环境等。本书以渔户为单位，通过比较渔户转产转业前后家庭收入情况、就业、住房条件、居住环境、食物消费、教育、医疗资源、成员健康状况等综合衡量渔户家庭福利水平。

第二节　理论基础

一、成本—收益理论

成本—收益理论是以福利经济学为基础，用于分析资源合理配置问题。该理论通过比较决策行为的预期收益和预期成本的现值，判断某种决策行为的市场效率，揭示成本和收益在决策中的影响分布，最终对某

---

① 消费包括私人产品消费和公共产品消费。

种决策行为做出可行性判断。

运用该理论前，需要首先分析成本和收益。通常，成本包括显性成本和隐性成本。显性成本是指从事一项经济活动时发生的货币成本，包括购买原材料、添置或租用生产设备的费用、利息及税金等。隐性成本是指使用自有生产要素时发生的费用。对于收益，亚当·斯密在《国富论》中认为，收益是财富的增加。20 世纪初美国经济学家埃尔文·费雪在斯密的基础上，根据收益的表现形式将其分为精神收益（精神上获得的满足）、实际收益（物质财富的增加）、货币收益（增加资产的货币价值）三种形态。在不同形态的收益中，有些收益是可以计量的，有些收益是不可计量的。在明确成本与收益的基础上，一方面，决策主体从未知出发，判断某种行为对决策主体带来的影响，即"事前"成本—收益分析；另一方面，决策主体根据已知决策行为，分析决策行为的实施效果，即"事后"成本—收益分析。决策主体根据决策行为前与后的净收益，选择最优决策方案。

渔户转产转业是对决策前后家庭成本和收益进行权衡的过程，也是重新配置家庭生产要素的过程，目的是改善渔户家庭福利。从经济学角度看，预期收益大于预期成本是人们实施决策行为所遵循的首要理性原则。渔户在转产转业过程中，需要花费一定的搜寻成本、渔船处置成本等，目的是通过重新配置生产要素获取更多的需求，包括可货币化和不可货币化的需求。渔户转产转业后，对能否获得预期收益、是否改善渔户家庭福利等问题的回答，需要综合权衡转产转业前后的成本与收益之差。

渔户是否实施转产转业的行为决策取决于转产转业前的成本—收益与转产转业后的成本—收益的比较，包括直接退出成本、中间转移成本、生产成本、直接收益、间接收益等。转产转业成本包括退出成本（沉淀成本）、中间转移成本、正常生产成本三部分。其中，退出成本是指渔户退出捕捞业的成本，包括渔船、渔网等。中间转移成本是指搜寻新行业的过程中产生的直接成本和间接成本，包括货币成本和非货币成本。货币成本是指为转产转业支付的各项成本以及因没有及时就业而减少的收入等。为转产转业支付的各项成本包括信息搜寻成本、时间成本、交通成本、心理成本、通讯成本及交通成本等。非货币成本包括因放弃熟悉的环境而带来的思乡之情、与亲人分离的相思之苦、重构社会关系网的成本等。正常生产成本是指渔民从事新行业后为维持正常的生产生活而支出的成本，如开办渔家乐的投资成本、从事新行业的技术成本、住房成本等。

转产转业后的收益包括从事新行业的收益、从事捕捞业的收益、退出捕捞业的收益三部分。其中，从事新行业的收益是指因新就业而增加的收入、个人见识、较好的发展机会、良好的医疗条件等；退出捕捞业的收益主要指渔船报废补贴、转产转业补贴等。渔户转产转业后的净收益见公式（2-1）。

$$P(\text{Transfer}) = f(NY) = f\left(\sum_{i=1}^{n} R_i^X - \sum_{i=1}^{n} R_i^B - \sum_{i=1}^{n} C_i^X - \sum_{i=1}^{n} C_i^B \right)$$

$$= f\left\{ \left(\sum_{i=1}^{n} R_i^X - \sum_{i=1}^{n} C_i^X \right) - \left(\sum_{i=1}^{n} C_i^X + \sum_{i=1}^{n} C_i^B \right) \right\} \quad (2-1)$$

式（2-1）中，$P(\text{Transfer})$ 是渔户实施转产转业的概率，NY 是渔户转产转业后的净收益，$\sum_{i=1}^{n} R_i^X$ 是从事新行业的总收益，$\sum_{i=1}^{n} R_i^B$ 是渔户从事捕捞业的总收益，$\sum_{i=1}^{n} C_i^X$ 是从事新行业的总成本，$\sum_{i=1}^{n} C_i^B$ 是渔户退出捕捞业的总成本。若 $NY > 0$，即转产转业后的净收益大于转产转业前的净收益，渔户会做出转产转业的决策；若 $NY < 0$，即转产转业后的净收益小于转产转业前的净收益，渔户会慎重考虑是否转产转业。值得注意的是，现实中部分渔户转产转业是政府主导下的被动行为，一旦政府对渔船报废做出规定，转产转业成为事实，渔户必然会最大限度地寻求自己利益最大化的行业。无论是市场条件下的主动转产转业行为还是政府主导下的被动转产转业，渔户的行为决策必然与经济因素有关，因此，渔户转产转业行为的发生具有成本、收益分析的特征。

虽然成本—收益分析方法为研究渔户决策行为提供了重要的参考，但在决策过程中，决策主体易受个体偏好及自身综合素质的影响，在实际评判过程中会出现较多的问题。因此，在研究渔户转产转业决策行为时，仅靠成本—收益分析方法难以提供最佳的选择方案，需要多角度、多因素的权衡，从而做出最佳的选择。

二、推—拉理论

推—拉理论是新古典经济学中关于劳动力流动理论的早期成果。与二元经济理论、拉尼斯—费景汉理论、托达罗模式等农村劳动力转移理论相比，该理论不仅考虑经济因素，而且将人口学、社会学的相关内容纳入研究框架，从更宽泛的视角解释了劳动力转移的动因和障碍。19世纪末，雷文斯坦（Ravenstein，1889）在《人口迁移规律》一文中首次提出了促使人口迁移的原因，包括较低的收入、不平等待遇、生活不适、气候不佳等。其中，经济因素是主要原因。20世纪50年代末，唐纳德·博格（D. J. Bogue）系统阐述了推—拉理论，认同雷文斯坦关于经济因素是人口流动主要动机的观点。他认为，有利于改善生活条件的流入地和不利于改善生活条件的流出地，在"推—拉"两种相反力量的作用下影响着人口流动。例如，迁出地的自然资源枯竭、自然灾害、生产成本上升、收入水平下降、劳动力过剩、基础设施落后、个人发展机会少、医疗条件差、出行不便等因素产生推力，乡土风情、熟悉的环境和社会关系网等因素产生的拉力，二者相比，推力更大。对迁入地而言，较多的就业机会、完善的基础设施、较好的医疗资源、较高的收入、适宜的气候环境、良好的教育条件等因素产生的拉力大于亲人分离、陌生的环境、生活压力等因素产生的推力，二者共同影响劳动力转移。这一理论系统阐述了农村劳动力转移的动因，与发展中国家劳动力转移的实际情况具有一致性。

然而，推—拉理论强调外部因素在推动人口迁移中的作用，未将个人因素纳入研究框架。针对此问题，李（Lee，1966）把迁出地和迁入地中间的障碍因素及个人因素纳入统一研究框架，认为影响人口迁移的因素主要包括以下四个方面：迁出地因素、迁入地因素、中间障碍因素和个人因素。迁出地和迁入地同时有推力和拉力两种因素，若迁出地的推力总和大于拉力总和,并且迁入地的拉力总和大于推力总和,就会引起人口迁移行为。该理论隐含两个基本假设:一是"理性经济人"假设,迁移者以追求利益最大化为决策目标;二是充分信息假设,迁移者充分了解迁出地和迁入地的相关信息。

事实上,渔户转产转业行为与人口迁移在本质上具有一致性,渔户转产转业抑或是农民工迁移,均需要综合考虑推力和拉力,从而做出符合自身利益最大化的理性选择。不管是就地转产转业,还是异地转产转业,均意味着渔户要放弃原有的捕捞业,综合权衡放弃捕捞业所产生的成本与转产转业后的预期收益。此外,转产转业面临的障碍因素也是渔户要考虑的。这些影响因素共同构成了推动或制约渔户转产转业的推力或阻力,共同作用于渔户转产转业决策行为。因此,"推—拉"理论同样适用于涉海渔户转产转业问题的研究。涉海渔户转产转业的推力与拉力解释框架见图 2-1。需要注意的是,当前我国市场经济发展尚不完善,城乡二元经济结构问题仍然比较突出,我国涉海渔户转产转业过程

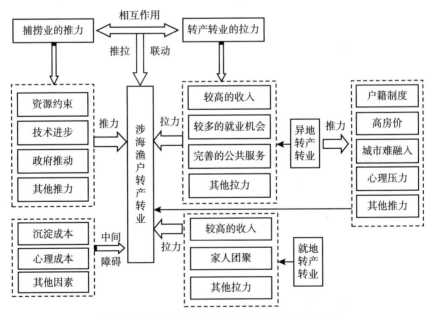

图 2-1　涉海渔户转产转业的推—拉解释框架

中遇到的问题与障碍可能更多，需要结合我国实际情况进行分析，才能更好地解决涉海渔户转产转业问题。

三、计划行为理论

计划行为理论源于多属性态度理论（theory of multiattribute attitude）（Fishbein，1963）。阿杰恩和费斯宾（Ajzen & Fishbein，1975）基于多属性态度理论，提出了行为理论（theory of reasoned action），认为行为意向是决定行为的直接因素，同时受行为态度和主观规范的影响。然而，该理论假设个体的行为受意志控制，大大限制了其应用性。为解决这一缺陷，Ajzen（1985）将知觉行为变量加入研究框架，提出了计划行为理论（theory of planned of behavior）。该理论认为，人的行为除了受个体因素影响，还受环境影响。行为的产生取决于个体执行某种行为的意志（behavioral intention）。阿杰恩（1991）研究发现个体行为意向与实际行动之间存在高度的相关性。行为意向反映了个体在做出某种行为决策时，愿意付出的代价。个体行为意向越强，采取行动的可能性越大；反之，行为意向越弱，采取行动的可能性越小。行为意向是个体的行为态度、主观规范和控制认知三个变量共同作用的结果。阿米蒂奇和康纳（Armitage & Conner，2001）研究发现行为态度、主观规范和控制认知分别解释27%的行为方差和39%的行为意向方差，这表明该理论具有较好的解释力和预测力。目前，该理论已广泛应用于经济学、管理学等领域。计划行为理论如结构模型图2-2所示。

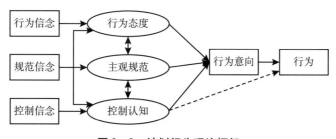

图2-2　计划行为理论框架

图 2-2 中，行为态度是个体对实施某种行为的积极或消极评价，主要受行为信念的影响。行为信念来源于个体预期行为结果发生的可能性和对行为结果的评估，受年龄、性别、教育、智力、经验等个体或社会文化因素的影响。主观规范是个体在实施某种行为时感知到的压力，这种压力通常来自外界，包括法律规章、市场准则、组织约束等社会因素。主观规范取决于规范性信念和顺从动机，前者是个体感知到的某些重要的人或组织对其实施某种行为的期望或约束，后者是指个体对这些观念或规章制度的顺从程度。控制认知是指个体感知到的实施某种行为的难易程度，是促进或阻碍实施某种行为的因素，通过控制信念实现。当个体拥有的资源与机会越多，控制信念越坚定，行为控制认知也就越强。计划行为理论认为，个体的行为态度、主观规范越积极，感知到的行为控制力越强，执行某种行为的意识就越强，最终执行某种行为的可能性就越大。

根据计划行为理论，若渔户对转产转业持有积极的行为态度，那么渔户会表现出积极的参与行为。主观规范主要来自他人对渔户家庭做出转产转业行为的压力，学术界将主观规范分为指令性规范和示范性规范。本书中渔民感知到的指令性规范来自政府。当政府通过法律规范推动渔户转产转业时，渔民往往迫于压力做出转产转业的行为。渔民感知到的示范性规范主要来自周围已转产转业渔户的"示范效应"。若周围渔户实施转产转业，且转产转业后的总收益确实大于转产转业之前，那么转产转业行为就会有较大的吸引力，未转产转业渔户会愿意参与此行为。控制认知反映了个体完成某种行为的信心（自我效能）和行为控制力。若渔民对自己充满信心，即具有较高的自我效能，渔民会愿意实施转产转业。此外，如果渔民的自我控制力较强，能够掌握足够的资源（如财力、人际关系、体力等）来应对转产转业的风险与不确定性，那么渔民实施转产转业的行为也会更加积极。

如果渔民对转产转业持有积极的态度，会对转产转业产生好感。在此基础上，政府的指令性规范会促使渔户产生"应该转产转业"的态度，进而转化成转产转业的意愿。此外，来自周围亲朋好友的转产转业行为的示范性规范，会使未转产转业渔户产生从众心理，进而产生愿意转产转业的意愿。自我效能较高的渔户对转产转业行为信心更大，敢于接受新挑战和新事物，因而更容易转产转业。当渔户对转产转业行为持正确认知时，对转产转业的控制认知也会越强，转产转业的意愿及实施行为的可能性也越大。

四、福利经济学相关理论

福利经济学是西方经济学的重要组成部分，经常被用作西方伦理价值判断的手段和标准。目前，福利分析已成为政策制定者的重要依据。《福利经济学》（Pigou，1920）一书的出版，标志着福利经济学的诞生。此后，关于福利的争论始终不断，特别是关于福利的度量及福利改进等问题，学者们尚未达成一致。20 世纪 50 年代，阿罗提出不可能性定理，对以帕累托为标准作为福利的衡量标准提出质疑，认为社会福利函数不存在，这导致关于福利经济学的研究陷入停滞状态。直到 20 世纪 70 年代，森批判了阿罗的不可能性定理，认为不可能性定理存在较多漏洞。至此，关于福利经济学的研究逐步恢复。

1. 福利的改进标准

自从庇古（Pigou）创立"福利经济学"以来，关于福利改进的相关问题引起了学术界的关注，学者们就福利改进的标准问题进行了深入探讨。

以庇古为代表的旧福利经济学坚持基数效用论，认为效用具有可测量性和可比性。通常，与富人相比，穷人的收入边际效用更高。当经济政策适当向穷人倾斜时，整个社会的福利水平会提高，这与罗尔斯的最大最小原则具有一致性，即整个社会的福利水平取决于状况最差的人群，只有这部分人群的福利水平提高了，整个社会的福利水平才能改进。

新福利经济学将帕累托标准视为福利改进的标准，具体而言，如果某种状况的变化使一部分人的福利状况变好，而没有导致其他人的福利状况变差，那么整个社会的福利水平就会提高。遗憾的是，现实中很难实现帕累托规定的严格条件，帕累托最优并非是社会福利水平最大化的充分条件。此外，该标准仅对现有的社会状况进行部分排序，没有获得完整的社会排序，具有一定缺陷。

为了改善帕累托标准的弊端，卡尔多、希克斯、西托夫斯基、李特尔等学者们提出了卡尔多—希克斯标准、西托夫斯基标准、李特尔标准等。卡尔多认为，当利益受损者获得完全的补偿，且其他人的福利状况仍能改善时，那么这一政策是可行的，此时的社会福利水平得到提高。在此基础上，希克斯进一步指出，如果一项政策会导致部分人群在短期内的利益受损，但从长期看，整个社会的福利状况会因政策而变好，那么整个社会的福利状况就会得到改善。然而，在卡尔多—希克斯标准提出后不久，西托夫斯基（1941）使用埃奇沃斯盒状图验证了此标准的缺陷。虽然卡尔多标准赞同某一社会变革，但相反的变革也可能得到该准则的支持。因此，西托夫斯基认为，只有卡尔多标准和希克斯标准同时满足，社会福利状况才能得到改善，即受益者的受益能够补偿受损者的损失，且受益者不会因贿赂受益者而获利，整个社会的福利水平就会提高。虽然卡尔多—希克斯标准考虑了个体福利的变化情况，使测度社会福利水平成为可能，但是此标准未考虑收入分配问题。李特尔认为，应当将收入分配效应纳入福利分析研究框架，既要提高资源的配置效率，既满足卡尔多—希克斯标准，又要合理解决收入分配问题，只有两者都得到解决，整个社会的福利水平才能显著提升。

2. 福利的量化

福利的定量研究是福利经济学研究的难点和热点问题，是判断福利状况的有效工具。因此，有必要对福利的量化进行梳理。

（1）消费者剩余。

消费者剩余是衡量个人福利水平的最基本方法，计算过程见式（2-2）。

$$\Delta CS_k = -\int_{p^0}^{p^1} x_i(p_i, y_k, a_k)\, dp_i \qquad (2-2)$$

式（2-2）中，ΔCS_k 表示第 i 种商品的价格从 p^0 变化到 p^1 对第 k

个家庭福利的影响；x_i、p_i 分别表示第 i 种商品的消费量和价格；y_k、a_k 分别表示第 k 个家庭的收入水平和其他家庭特征情况。

虽然消费者剩余的计算过程简洁，所需数据容易获取，但此方法的限制条件比较严格。当多种商品的价格发生变化时，商品价格变化的次序会导致计算出的消费者剩余值产生差异，产生"路径依赖"问题。若将假设条件扩展为一般情况，即价格和收入均发生变化，且价格和收入的变化均是路径独立时，ΔCS_k 才能准确衡量福利的变化。其计算过程见式（2-3）。

$$\Delta CS_k = -\int_A \sum x_i(p, y_k, a_k) dp_i + (y^1 - y^0) \qquad (2-3)$$

式（2-3）中，A 是（p^0，y^0）和（p^1，y^1）之间的路径。根据式（2-3），当偏好是拟线性时，消费者剩余可以较好地测度偏好，即该测度方法要求所有商品的需求都独立于收入，这与现实情况不相符。因此，在测度个人福利时，该方法受到质疑。

（2）希克斯剩余、等价变差和补偿变差。

采用补偿需求代替马歇尔需求，可以解决式（2-3）中关于价格和收入的路径依赖问题。根据希克斯剩余可计算出"支付意愿"，实现福利变化的货币化度量。

等价变差是指按照原来的价格和收入，应给予个人的货币量，以达到假定价格和收入发生变化时的效用水平。假设价格、收入变动前后的向量分别为（p^0，y^0）、（p^1，y^1），间接效应函数 v（y，p）表示在收入水平 y 和价格为 p 时能够获得的效用，在价格为 p 时，获得的效用 v 所必需的支出 e(v，p，a_k)。等价变差见式（2-4）：

$$EV = e(v(y^1, p^1), p^0, a_k) - e(v(y^0, p^0), p^0, a_k)$$
$$= e(v(y^1, p^1), p^0, a_k) - y^0 \qquad (2-4)$$

补偿变差是指价格和收入变化后使消费者回到变化前的效用水平，补给消费者的货币量，见式（2-5）。

$$CV = e(v(y^1, p^1), p^1, a_k) - e(v(y^0, p^0), p^1, a_k)$$
$$= y^1 - e(v(y^0, p^0), p^1, a_k) \qquad (2-5)$$

式（2－5）中，当价格和收入的改变使消费者状况变差时（CV ＜ 0），应给予消费者正的补偿额。但价格发生变化、收入不变时，CV ＝ e(v(y，p^0)，p^0，a$_k$) － e(v(y，p^0)，p^1，a$_k$)。

现实中，由于希克斯剩余和补偿需求的数据难以直接获取，因此式（2－4）的实用性较差。但是，当一种商品的价格发生变化时，消费者剩余可以代替 CV、EV，而 CS 与 CV、EV 的近似程度取决于该种商品收入效用的大小。但赫斯曼（Hausman，1979）指出该方法并不准确，尤其在价格和收入发生变动时，CS 值无法确定，而且它也不是希克斯剩余很好的近似。

（3）社会福利的衡量。

社会福利主要用于衡量一项政策对不同群体的影响，通过社会总福利的变化情况反映政策的实施效果。不少学者用收入作为社会福利的衡量指标，Atkinson（1970）提出的社会福利函数被广泛使用，见式（2－6）。

$$W(u) = \left(\frac{1}{1-\rho}\right)\sum_{k=1}^{k} y_k^{1-\rho} \qquad (2-6)$$

式（2－6）中，y$_k$ 表示第 k 个人的收入，W$_k$ ＝ $\frac{1}{1-\rho}$y$_k^{1-\rho}$ 表示个体福利。基于数据的可得性，在微观研究层面，衡量希克斯剩余的研究大都用收入作为福利的代理变量。以收入作为福利代理变量由于不能充分考虑价格变化的影响，因此无法准确反映福利的水平及分配情况。基于此，Muellauer（1974）用货币化的效用函数表示家庭效用，见式（2－7）。

$$W_k = \frac{e_k}{P_k(p^0, p, v_k, a_k)e_0(p^0, v_k, a_k)} = e(p^0, v_k, a_r) \quad (2-7)$$

式（2－7）中，v$_k$ ＝ v(p，e$_k$，a$_k$) 表示间接效用函数，a$_r$ 表示被参照家庭的特征；P$_k$(p^0，p，v$_k$，a$_k$) 表示价格指数，反映不同家庭的价格效应。

3. 可行能力方法对福利的评价

虽然希克斯剩余、等价变差和补偿变差对消费者剩余进行了不同程度的改进，但并没有实质性的差异，在衡量福利上仍然存在一定的偏差。

森认为福利应包括物质内容和非物质内容,提出了"功能""能力"的概念,认为福利是众多功能和能力的集合,消费仅仅是实现福利的一条路径。

可行能力方法可用数学公式表示。假设 x_i 是个体 i 拥有的商品向量,$f_i(x_i)$ 是将商品向量转换为功能向量 b_i 的函数,其中,$f_i(\cdot) \in F_i$,F_i 表示各种转换方式,功能向量 b_i 反映了个体的生活状态,衡量个体的福利实际就是对 b_i 的评估。对于既定的商品向量 x_i',个体 i 的可行功能集是 A_i,见式(2-8)。

$$A_i = \{b_i \mid b_i = f_i(x_i'), f_i(\cdot) \in F_i\} \tag{2-8}$$

对于个体 i 的预算集 X_i,其可行功能集见式(2-9)。

$$B_i = \{b_i \mid b_i = f_i(x_i), f_i(\cdot) \in F_i, x_i \in X_i\} \tag{2-9}$$

式(2-9)中,B_i 反映了个体 i 的能力,即个体选择功能的自由。

此外,森提出了衡量各国社会、经济总体发展状况的福利水平指数,该指数不仅包括经济收入水平,而且将收入分配纳入分析框架,见式(2-10)。

$$S = Y * (1 - G) \tag{2-10}$$

式(2-10)中,S 表示福利水平指数,Y 表示真实人均收入,G 为基尼系数。

第三章

涉海渔户转产转业的现状与问题

充分了解涉海渔户转产转业的现状与问题是推动渔户转产转业的必然要求。从论文的研究思路角度看，本章重点回答"是什么"的问题，即在梳理我国涉海渔户转产转业演化过程的基础上，根据宏观统计数据和微观调研数据系统分析渔户转产转业的宏观和微观特征，剖析渔户转产转业存在的问题，为后文研究"为什么"即渔户转产转业的影响因素、"怎么样"即福利效应奠定基础。

第一节　我国涉海渔户转产转业的演化过程

一、萌芽阶段（1978～1995 年）

改革开放后，我国农村实行以家庭联产承包经营为基础、统分结合的双层经营体制，渔业作为大农业的重要组成部分率先实行市场化改革。1983 年，海洋捕捞业实行"大包干"责任制，极大地调动了渔民的生产积极性。1984 年水产品生产和流通领域的改革，为我国渔业生产发展提供了动力。海洋捕捞业快速稳步发展，不仅解决了我国居民"吃鱼难"的问题，而且带动渔民实现稳步增收，使渔民成为农民中最先富裕起来的群体。然而，在海洋捕捞业大发展的同时，海洋渔业资源衰退逐渐显现，近海渔业资源陷入"公地悲剧"。为此，相关政府部门陆续出台相关规章制度，旨在保护近海渔业资源。1979 年国务院颁布了《水产资源繁殖保护条例》，随后部分省份先后出台了《〈水产资源繁殖保护条例〉实施细则》，国家水产总局颁布的《关于渔业许可证的若干问题的暂行规定》首次明确规定，渔民必须取得捕捞许可证才能从事捕捞业，标志着我国渔业管理制度由"自由准入制度"转为"有限准入制度"。1986 年我国颁布《中华人民共和国渔业法》，标志着我国渔业资源管理制度步入法制化轨道。在此背景下，无捕捞许可证的渔民面临失业，渔民转产转业问题开始出现。

本阶段的特点：一是无证渔民面临转产转业。相关政府部门意识到渔业资源衰退问题，在制度上采取措施，如实行捕捞许可证制度，我国渔业管理制度进入"有限准入"阶段，无证渔民面临转产转业。二是渔民转产转业问题初见端倪。我国颁布了《中华人民共和国渔业法》，标志着我国渔业资源管理制度正式步入法制化轨道，渔民捕捞行为受到法律约束，从"自由捕捞"转为"有证捕捞"，渔民转产转业问题初见端倪。

二、初期阶段（1996～2000 年）

尽管我国已实行海洋捕捞渔船"双控"指标限制，但近海渔业资源开发与利用仍有一定的盲目性，捕捞强度大于可捕资源的补充量。同时，随着工业化、城镇化的持续推进，近海资源环境问题日益突出，对海洋渔业资源的压力越来越大，加剧了渔业资源的衰退。据有经验的老渔民介绍，20 世纪 90 年代以前，渔民驾船出海 1 小时即可捕到鱼，到了 90 年代中后期，渔民驾船出海需要 6 小时才能捕到鱼。为实现我国近海渔业资源的可持续发展，我国加大了对海洋渔业资源的管理力度，实施了诸如伏季休渔、清理整顿"三无"或"三证不全"的船舶等措施。1999 年，农业部实施了海洋捕捞"零增长"和"负增长"政策。然而，由于捕捞技术和渔船装备的改善，实际捕捞强度并没有降低，近海渔业资源枯竭的趋势并没有得到实质性扭转。与此同时，由于近海渔业资源持续恶化，渔民从事捕捞生产的无效支出不断增加，渔获物中经济鱼类减少、幼鱼增加，导致渔民收入下降、渔船等沉淀成本上升，捕捞效益减低，半数以上的渔民在保本或亏本状态下进行捕捞生产[①]，渔户家庭生活陷入困境。另外，部分渔民由于渔船缺乏相应的手续而面临失业，一些渔户甚至出现返贫现象，不得不进行转产转业。为遏制渔业资源衰退、转移过剩的捕捞业劳动力，2000年10月31日，我国修正了《中华人民共和国渔业法》，明确规定我国实行捕捞限额制度，实施海洋捕捞渔民转产转业工程，标志着我国海洋渔业资源管理从"投入控制"迈向"产量控制"，政府开始将渔民转产转业提上议程。

本阶段的特点主要有，一是"无证"渔民面临转产转业。我国加大了对渔业资源的监管力度，对近海捕捞船只进行整顿，开始清理"三无"或"三证不全"的船舶，部分"无证"渔民面临转产转业。二是转产转业渔民数量持续增加。实行捕捞限额控制制度，出现捕捞业劳动力剩余，转产转业渔民数量不断增加。三是政府部门将渔民转产转业提上议程。政府出台相应的政策开始关注渔民转产转业问题，转产转业工程提上议程。

三、全面启动阶段（2001 年至今）

我国近海渔业资源持续恶化，强大的捕捞能力与脆弱的渔业资源之间矛盾日益增大。2002年农业部向沿海各省市人民政府印发了《关于2003-2010年海洋捕捞渔船控制制度实施意见》（以下简称《实施意见》），标志着我国海洋捕捞渔船数量和功率从"九五"计划期间的"总量控制"阶段进入了"总量压减"新阶段。针对长期以来我国海洋捕捞强度大于海洋渔业资源的可承受能力、海洋渔业资源日趋衰退等情

---

① 捕捞渔民转产转业调研报告，2011. http：//blog. sina. com. cn/s/blog_64453a8a0100-qdi4. html。

况，《实施意见》明确提出，2002～2010年间，我国海洋捕捞渔船从22.2万艘减少到19.2万艘，共减少捕捞渔船3万艘；功率从1269.6万千瓦减少到1142.6万千瓦，共减少10%功率；从建立工作责任制、推进渔民转产转业、加强渔船管理和强化渔业执法等方面提出了具体措施，初步控制我国海洋捕捞强度盲目增长和资源过度利用，实现海洋捕捞能力与海洋渔业资源可捕量相适应。与此同时，受渔业资源衰竭和严格的捕捞制度影响，捕捞渔民生产生活日益维艰，转产转业渔户数量迅速增多。为推动渔户转产转业，2000年中央财政设立渔民转产转业专项基金，连续三年每年安排2.7亿元用于渔船报废和转产转业项目补助。农业部渔业局每年安排6000万元用于转产转业项目扶持，为捕捞渔民转产转业提供强大的资金和政策支持。在此基础上，2002年，财政部和农业部联合颁布《海洋捕捞渔民转产转业专项资金使用管理暂行规定》，进一步细化了我国海洋捕捞渔民转产转业的财政政策。2017年，农业部发布《农业部关于调整海洋伏季休渔制度的通告》和《关于进一步加强国内渔船管控 实施海洋渔业资源总量管理的通知》，我国海洋捕捞业实行由"单纯控制投入"向"投入和产出双向控制"的转变，大批渔民失海，渔民转产转业正式全面启动。

本阶段的特点：一是面临转产转业的渔民数量迅速增多。在总体目标上突出了压减捕捞渔船数量和功率数，从控制渔船总量不增加调整为按一定幅度压减渔船总量，实行由"单纯控制投入"向"投入和产出双向控制"转变，面临转产转业渔民数量持续增多。二是渔船控制制度更具有操作性。制定了实施渔船控制制度的具体方案，明确了各级主管部门在控制渔船工作上的责任和分工，更具有可操作性。三是为渔民转产转业提供资金和政策支持。政府积极安排财政资金用于渔船报废和转产转业政策配套实施，为各级主管部门做好渔民转产转业工作提供资金支持和政策导向，实现新阶段渔船总量继续压减，继续推动渔民转产转业。

第二节 我国涉海渔户转产转业的宏观特征分析

减少捕捞生产渔船数量是推动渔户转产转业的有效工具，通常捕捞生产渔船数量的减少会带来捕捞产量、捕捞业劳动力等方面的变化。因此，本节从海洋捕捞渔户数、海洋捕捞渔船数量及海洋捕捞产量三个方面分析我国涉海渔户转产转业的宏观特征。

一、海洋捕捞渔户数

本书海洋捕捞人数是指专业从事近海捕捞的渔业劳动力。受风俗习惯及海洋捕捞劳动强度大的影响，通常渔户中的男性劳动力上船作业，女性仅负责在岸上接货。因此，大部分渔户中仅有一位劳动者从事捕捞业。从这个角度上说，从事近海捕捞人数的变化一定程度上反映了捕捞渔户数量的变化。图 3 - 1 显示的是全国和山东省近海捕捞从业人数及增长率变化趋势。

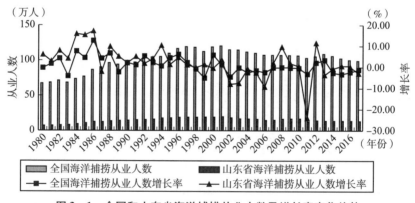

图 3 - 1   全国和山东省海洋捕捞从业人数及增长率变化趋势

资料来源：1979 ~ 2017 年《中国渔业统计年鉴》。

在"萌芽阶段"（1978 ~ 1995 年），全国从事近海捕捞人数从 1980

年的 67.24 万人增加到 1995 年的 109.95 万人，增长了近 1.64 倍。从增长率来看，除 1980 年、1983 年和 1989 年增长率出现负增长外，其他年份增长率均大于 0，年均增长速度为 3.18%。这种高速增长的原因在于海洋渔业资源较丰富，捕捞业进入门槛低。受捕捞业利润较高吸引，大批渔民及渔业外劳动力进入该行业，导致本阶段捕捞业从业人数快速增长。这种现象同样出现在山东省，1980~1995 年间，山东省海洋捕捞从业人数从 6.94 万人增长到 17.97 万人，年均增长速度达 6.66%，变化趋势与全国基本一致。

相比较"萌芽阶段"，在"初期阶段"（1996~2000 年），全国从事近海捕捞的人数继续呈小幅波动趋势增长，但变化不大；增长率从 6.18% 下降到 -5.05%，年均增长率仅为 0.68%。本阶段山东省近海捕捞从业人数增长率从 4.65% 下降到 1.28%，捕捞人数增长比较缓慢。

在"正式启动阶段"（2001 年至今），我国近海捕捞人数从 2001 年的 120.526 万人减少到 2017 年的 99.03 万人，减少了 17.83%，海洋捕捞人数呈现小幅波动的下降趋势；除 2001 年、2012 年、2013 年外，其余年份均出现负增长，年均增长率为 -1.06%。我国从事近海捕捞人数减少的原因在于，随着近海渔业资源的持续衰退，加之政府部门连续出台旨在压缩近海捕捞产能的政策，渔民的捕捞时间和捕捞空间大大缩减，大批渔民被迫退出海洋捕捞业。另外，由于转产转业的成本较高，渔民缺乏从事其他行业的技能，因此最终转产转业的渔民较少。从整体来看，专业从事捕捞业的渔民数量变化不大。本阶段山东省近海捕捞人数增长率从 3.45% 降低到 -2.93%，与全国相比，波动幅度较大，海洋捕捞人数呈现下降趋势。

二、海洋捕捞渔船

减船是推动渔户转产转业的主要方式，海洋捕捞渔船数量的变化反映了渔户转产转业的实施情况。本书海洋捕捞渔船具体指海洋捕捞机动渔船。图 3-2 显示的是全国和山东省海洋捕捞生产渔船数量及增长率变化趋势。

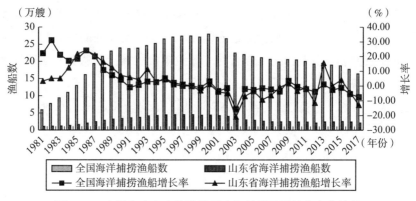

图 3 – 2　全国和山东省海洋捕捞渔船数量及增长率变化趋势

资料来源：1980 ~ 2017 年《中国渔业统计年鉴》①。

在"萌芽阶段"（1978 ~ 1995 年），全国海洋捕捞渔船数量从 1981 年的 5.91 万艘增长到 1995 年的 26.56 万艘，呈现出"先快速增长后缓慢上升"的趋势，15 年间增长了近 3.50 倍。在增长率方面，海洋捕捞渔船增长率从 1981 年的 22.14% 下降到 1995 年的 5.21%，呈波动式下降趋势，但年均增长率仍达 12.44%。本阶段，除 1981 ~ 1985 年间，山东省海洋捕捞渔船数量增长率明显低于全国外，其他年份与全国基本保持一致。

在"初期阶段"（1996 ~ 2000 年），全国海洋捕捞渔船数量比较稳定，保持在 27 万艘左右，增长率由 1996 年的 2.13% 下降到 2000 年的 – 1.16%，年均增长率为 0.52%。这主要是由于我国开始实施海洋捕捞"零增长"和"负增长"政策，对捕捞业从"投入控制"到"产出控制"的限定，一定程度上降低了海洋捕捞渔船数量。本阶段山东省海洋捕捞渔船数量从 4.53 万艘下降到 4.43 万艘，变化不大，增长速度与全国基本一致。

────────────

　　① 2002 年以前，养殖渔船较少，主要以捕捞渔船为主，且受统计口径的变化，2002 年前捕捞渔船采用生产渔船代替。

在"正式启动阶段"（2001 年至今），全国海洋捕捞生产渔船数量不断减少，从 2001 年的 27.02 万艘减少到 2017 年的 16.39 万艘，减少了近 41.42%。在增长率方面，除 2009 年、2013 年海洋捕捞机动渔船增长率大于 0 外，其他年份增长率均为负值，2003 年增长率达－15.79%。其原因在于，我国于 1987 年开始实施海洋捕捞渔船数量和功率的双向渔业管理制度，大批未补办相关手续的渔船无法录入全国渔船管理数据库。此外，《实施意见》明确规定要淘汰约 30 万艘渔船，导致捕捞渔船数量大幅减少。本阶段，除 2012 年山东省海洋捕捞渔船增长率达 15.52% 外，其余年份增长率与全国基本一致，渔船数量比较稳定。

三、海洋捕捞产量

图 3-3 显示的是全国和山东省海洋捕捞产量①及增长率变化趋势。从中可以看出，在"萌芽阶段"（1978～1995 年），全国海洋捕捞产量从 1979 年的 277.29 万吨增长到 1995 年的 998.58 万吨，增长了约 3.6 倍。

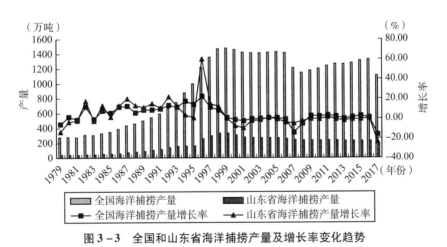

图 3-3 全国和山东省海洋捕捞产量及增长率变化趋势

资料来源：1978～2017 年《中国渔业统计年鉴》。

---

① 本书海洋捕捞产量专指近海捕捞产量，不包括远洋捕捞产量。

在增长率方面，除 1997 年、1981 年、1983 年全国海洋捕捞产量增长率为负值外，其他年份增长率均大于 0，年均增长率为 7.61%。本阶段山东省海洋捕捞产量与增长率变化趋势与全国基本一致。

在"初期阶段"（1996～2000 年），全国海洋捕捞产量从 1996 年的 1219.92 万吨增长到 2000 年的 1459.87 万吨，年均增长率达 6.41%。本阶段山东省海洋捕捞产量稳步增加，从 1996 年的 258.82 万吨增加到 307.83 万吨，年均增长率达 11.59%，但与全国相比，增长率波动幅度较大。

在"正式启动阶段"（2001 年至今），全国海洋捕捞产量从 2001 年的 1422.32 万吨下降到 2017 年的 1112.42 万吨，从总体看，海洋捕捞产量仍然较高，过度捕捞的趋势没有得到扭转。在增长率方面，其间年均增长率为 -1.42%。本阶段山东省海洋捕捞产量比较稳定，除 2007 年外，增长率变化趋势与全国基本一致。

第三节　涉海渔户转产转业的微观特征分析

一、问卷设计、抽样方法与样本选择

1. 问卷设计

在设计问卷内容时，本书将前人研究和笔者多次预调研反馈的结果，以及渔户转产转业的影响因素及测度福利的维度相结合，进行多方面的定量或定性描述。问卷设计以填空题和选择题为主。其中，填空题主要分布在渔户基本信息部分，渔民可短时间内回答年龄、从事的行业、从业地点、从事捕捞业的时间等问题。选择题针对容易分类的题目，包括单选题和多选题。

问卷设计的每个问题不仅要考虑渔户的实际情况，而且要参考前人的研究成果，答案尽可能准确全面。对于赋分值题目，本书主要是正向题目，分别赋予 1 分到 10 分。对于态度测量和满意度题目，本书采用

五分量表，采用"不满意""一般""满意""比较满意""非常满意"。

经过设计、反复修改，最终形成完善的调查问卷。问卷包括六部分：第一部分是户主的基本信息；第二部分是渔户家庭基本信息；第三部分是渔户转产转业的类型；第四部分是渔户转产转业前的基本情况；第五部分是渔户家庭的福利情况；第六部分是渔户转产转业前后家庭福利变化情况。

2. 样本选取与抽样方法

2013年11月，习近平总书记在山东视察工作时指出，充分利用沿海的独特地理位置，努力塑造开放型经济发展新优势，在东部要以发展蓝色经济、高效生态经济为主导，建设重要经济增长极。① 2018年3月8日，习近平总书记在参加十三届全国人大一次会议山东代表团审议时强调，海洋是高质量发展的战略要地，要更加注重经略海洋，山东有条件把海洋开发这篇大文章做深做大，为海洋强国建设作出山东贡献②。2018年6月，上海合作组织青岛峰会后，习近平总书记先后到青岛、威海、烟台等地进行考察时进一步明确指出，山东应发挥自身的优势，必须进一步关心海洋、认识海洋、经略海洋，推动海洋强省建设。可以看出，山东省作为沿海省份在我国海洋经济发展格局中的地位突出③。海洋渔业作为山东省海洋经济发展的重要组成部分，在海洋强省建设中发挥着重要作用。因此，确定山东省为主要研究区域具有一定的现实意义。

山东省是海洋大省，海岸线长3345公里，约占全国的1/6，毗邻海域面积15.95万平方公里，与全省陆地面积相当。海洋渔业资源丰富，其中经济价值较高的鱼类30余种，主要经济虾蟹类近20种，经济价值较高的贝类20余种，主要经济藻类10余种④，海参、鲍鱼、海胆、大

---

① 《大众日报》，2013年12月7日第8版。

② 《光明日报》，2023年4月28日第5版。

③ 《习近平在山东考察时强调切实把新发展理念落到实处　不断增强经济社会发展创新力》，新华网，2018年6月14日，http://www.xinhuanet.com/politics/leaders/2018-06/14/c_1122987584.htm? agt=1953.

④ 资料来源：山东省海洋牧场建设规划（2017~2010年）。

菱鲆、对虾等名贵海产品全国闻名，扇贝、贻贝、海带、蛤等产品产量居全国首位，是我国渔业第一大省①。2016 年，山东省渔业经济总产值3902 亿元，水产品总产量 950 万吨，渔民人均纯收入 1.88 万元，渔业总产量、渔业经济总产值等主要指标连续 20 年位居全国首位②。但近些年来，山东省近海渔业资源衰退较严重，为此山东省开始执行休渔禁渔和渔船数量及功率指标双控制度，逐步压减近海捕捞能力，报废更新老旧渔船 5000 余艘，实现近海捕捞产量零增长，推动近海捕捞生产由"产量型"向"质量效益型"和"负责任型"的转变③，有序推动渔户转产转业。目前，山东省渔户转产转业工作取得了良好的成效，因此，将山东涉海渔户为研究对象分析转产转业问题具有一定的代表性。

　　本章第二节宏观数据显示，山东省海洋捕捞从业人数、海洋捕捞渔船数量和海洋捕捞产量的变化趋势与全国基本一致。此外，课题组与山东省渔业管理部门合作比较密切，通过联系当地渔业管理负责人，由负责人带队前往渔村发放调研问卷，保证数据的可获得性。青岛市、烟台市、威海市、日照市均是山东省渔业大市，潍坊市近年来积极探索渔业扶贫新思路，推进海洋捕捞渔船减船转产工作，印发《寿光市海洋捕捞渔船减船转产实施方案》，支持渔民自愿退出海洋捕捞生产活动，签订退出协议，实现了渔业可持续发展和渔民增收④。因此，本书选取青岛、烟台、威海、日照、潍坊五个地级市进行调查，采用随机抽样法选取五个地级市中渔业较发达的七个县（市）。在调研过程中，课题组采取入户访谈、村庄街头等面对面的方式建立起调查者与被调查者之间的信任，通过调查者与户主或了解家中情况的成员之间的交流或者直接询问的方式获取答案，最终取得完整的调查问卷。根据研究计划，课题组

---

① 资料来源：农业农村部渔业渔政管理局，http：//www.yyj.moa.gov.cn/zhzyhb/200503/t20050331_2764071.htm。

② 资料来源：http：//www.sohu.com/a/194910787_744103。

③ 资料来源：山东省渔业振兴规划（2011－2015）。

④ 资料来源：寿光市海洋与渔业局，http：//www.shouguang.gov.cn/sghyj/hyjhygl/hyjyzhj/201805/t20180507_4509891.html。

共采访 16 个行政村，400 个渔户，其中青岛 126 份，威海 90 份，烟台 90 份，日照 64 份，潍坊 30 份。除去不具有代表性的无效问卷，共获得有效问卷 356 份，问卷有效率为 89%（见表 3 - 1）。

表 3 - 1   样本村分布情况

	青岛	烟台	威海	日照	潍坊
调查县或区	崂山区、即墨区	长岛县、蓬莱市	荣成市	东港区	寿光市
调查渔村	峰山西村、港东村、雕龙嘴村、神汤沟、向阳庄、山东头、周戈庄	北城村、东村、小号村、抹直口村	烟墩角、落凤岗、东楮岛	茅家滩村、大陈家村、大泉沟村、裴家村	羊口镇、柳树村
调查渔户数	126	90	90	64	30

资料来源：根据调研问卷整理而得。

二、户主和家庭基本特征

表 3 - 2 显示的是 2017 年样本渔户户主基本情况。表 3 - 3 显示的是已转渔户和未转渔户户主基本情况。从表 3 - 2 和表 3 - 3 中可以看出，渔户转产转业总体上呈现出户主以男性为主、年龄偏高、文化程度较低、身体状况良好、大部分户主参加过技能培训等特征。具体来看，在户主性别方面，调查样本中男性占 95.51%，占有较大比重。其中，在已转渔户中，户主为男性的占 97.19%，女性仅占 2.81%。在年龄方面，45~59 岁的样本占比最大，为 65.45%；60~65 岁的样本占比为 14.04%；44 岁以下的户主占比为 20.51%。在已转渔户中，户主年龄在 45~59 岁之间的样本占 64.91%，表明户主处于此年龄段的渔户是转产转业的主体。在文化程度方面，文化程度为初中的样本占比最高，为 62.64%，其次为高中/中专，为 22.47%，小学及以下、大专及以上的样本分别占总样本的 12.36% 和 2.53%，表明户主文化程度以初中为主，文化程度普遍较低。在已转渔户中，文化程度为初中的占比为 57.89%，高中/中专所占比重排在第二位，为 37.19%。在未转渔户中，超过一半的户主

表 3 - 2   2017 年样本渔户户主基本情况

类型	选项	频数（次）	占比（%）	类型	选项	频数（次）	占比（%）
性别	男性	340	95.51	年龄①	44 岁以下	73	20.51
	女性	16	4.49		45~59 岁	233	65.45
教育	小学	44	12.36		60~65 岁	50	14.04
	初中	223	62.64	身体状况	差 = 1	2	0.56
	高中	80	22.47		中 = 2	11	3.09
	大专及以上	9	2.53		良 = 3	129	36.24
培训	参加技能培训	208	58.43		优 = 4	214	60.11
	未参加技能培训	148	41.57				

资料来源：根据调研问卷整理而得。

表 3 - 3   2017 年已转渔户和未转渔户户主基本情况

类型	选项	已转渔户		未转渔户	
		频数（次）	占比（%）	频数（次）	占比（%）
性别	男性	277	97.19	281	98.25
	女性	8	2.81	5	1.75
年龄	44 岁以下	54	18.95	19	26.76
	45~59 岁	185	64.91	48	67.61
	60~65 岁	46	16.14	4	5.63
教育	小学	6	2.11	13	18.31
	初中	165	57.89	42	59.15
	高中	106	37.19	14	19.72
	大专及以上	8	2.81	2	2.82

---

① 根据联合国世界卫生组织提出的新年龄划分标准（44 岁以下为青年人，45~59 岁为中年人，60~74 岁为年轻老年人，75~89 岁为老年人，90 岁以上为长寿老人）及我国对劳动力的定义（18~65 周岁以下），将渔民年龄段划分为年轻人（44 岁以下）、中年人（45~59 岁）、老年人（60~65 岁）三个年龄段进行分析。

类型	选项	已转渔户		未转渔户	
		频数（次）	占比（%）	频数（次）	占比（%）
身体状况	差 = 1	2	0.70	0	0.00
	中 = 2	23	8.07	2	2.82
	良 = 3	93	32.63	29	40.85
	优 = 4	167	58.60	40	56.34
培训情况	参加技能培训	181	63.51	27	38.03
	未参加技能培训	104	36.49	44	61.97

资料来源：根据调研问卷整理而得。

文化程度是初中。在身体方面，身体状况为优和良的样本占总样本的比重分别是60.11%和36.24%，身体状况为中和差的样本占比较低，分别为3.09%和0.56%。不管是已转渔户户主还是未转渔户户主，身体状况处于良或优的样本占总样本的比重均超过90%。从技能培训方面，58.43%的户主参加过技能培训，41.57%的户主未参加技能培训活动。其中，已转渔户中，63.51%的户主参加过技能培训；在未转渔户中，仅38.03%的样本渔户参加过技能培训，这一比例远低于已转渔户。

表3-4是2017年样本渔户家庭基本情况。表3-5是已转渔户和未转渔户家庭基本情况。从表3-4和表3-5可以看出，由于家庭资源禀赋不同，渔户表现出不同的特征。具体来看，在城镇购房方面，有20.22%的样本渔户已在城镇购房，以为儿女购置婚房为主，仅有13%的渔户购房是为自己居住。其中，在已转渔户中，24.56%的渔户已在城镇购房，高于未转渔户中在城镇购房比例（11.27%）。就耕地而言，59.83%的样本渔户还有少量耕地，耕地面积在1亩左右，主要用于种植供自家生活所用的农作物，不参与市场活动。在已转渔户和未转渔户中，拥有耕地的比例分别为59.30%和61.97%，差异不大。在互联网方面，91.57%的渔户已安装互联网，基本实现全覆盖。在已转渔户和未转渔户中，安装互联网的样本占总样本的比重相差不大。从恩格尔系

数来看，小康及以上的样本渔户占比为 95.51%，温饱及以下的仅占 4.49%。在捕捞时间方面，从事捕捞 1~5 年的样本渔户占样本总量的 14.04%，5~10 年的样本渔户占比为 23.31%，10~15 年的为 18.54%，15 年以上的样本渔户占比最高，为 44.10%。其中，已转渔户中捕捞时间超过 15 年的样本渔户占比为 39.30%，未转渔户中捕捞时间超过 15 年的占比为 63.35%。从社会网络来看，渔户的亲戚或朋友有转产转业的样本渔户占样本总量的 87.64%，仅有 12.36% 的样本渔户反映自己周围的亲戚或朋友没有转产转业。其中，在已转渔户中，95.09% 的样本渔户反映自己周围的亲戚或朋友已转产转业；在未转渔户中，67.61% 的样本渔户反映自己周围的亲戚或朋友已转产转业。

表 3 - 4　　　　　　　　2017 年样本渔户家庭基本情况

类型	选项	频数（次）	占比（%）	类型	选项	频数（次）	占比（%）
老人	赡养老人	244	68.54	互联网	有网络	326	91.57
	无赡养老人	112	31.46		无网络	30	8.43
城镇购房	已购房	78	20.22	社会网络	亲朋好友已转	312	87.64
	未购房	278	79.78		亲朋好友未转	44	12.36
耕地	有耕地	213	59.83	捕捞时间	1~5 年	50	14.04
	没有耕地	143	40.17		5~10 年	83	23.31
恩格尔系数	小于 0.3（最富裕）	76	21.35		10~15 年	66	18.54
	0.3~0.4（富裕）	135	37.92		15 年以上	157	44.10
	0.4~0.5（小康）	129	36.24	补贴	有	215	60.39
	0.5~0.6（温饱）	4	1.12		没有	141	39.61
	大于 0.6（贫困）	12	3.37				

注：依据联合国根据恩格尔系数的大小，对世界各国的生活水平做出的划分标准，依据样本渔户的恩格尔系数对渔户划分为 5 类：小于 0.3（最富裕）、0.3~0.4（富裕）、0.4~0.5（小康）、0.5~0.6（温饱）、大于 0.6（贫困）。

资料来源：根据调研问卷整理而得。

表 3 – 5　　　　　　2017 年已转渔户和未转渔户家庭基本情况

类型	选项	已转渔户		未转渔户	
		频数（次）	占比（%）	频数（次）	占比（%）
老人	赡养老人	194	68.07	50	70.42
	无赡养老人	91	31.93	21	29.58
城镇买房	已购房	70	24.56	8	11.27
	未购房	215	75.44	63	88.73
耕地	有耕地	169	59.30	44	61.97
	没有耕地	116	40.70	27	38.03
互联网	有网络	264	92.63	62	87.32
	无网络	21	7.37	9	12.68
社会网络	亲朋好友已转	271	95.09	48	67.61
	亲朋好友未转	14	4.91	23	32.39
捕捞时间	1~5 年	44	15.44	3	4.23
	5~10 年	73	25.61	10	14.08
	10~15 年	53	18.60	13	18.31
	15 年以上	112	39.30	45	63.38
恩格尔系数	小于 0.3（最富裕）	76	26.67	17	23.94
	0.3~0.4（富裕）	111	38.95	23	32.39
	0.4~0.5（小康）	85	29.82	28	39.44
	0.5~0.6（温饱）	4	1.40	0	0.00
	大于 0.6（贫困）	9	3.16	3	4.23
补贴	有	181	63.51	34	47.89
	没有	104	36.49	37	52.11

资料来源：根据调研问卷整理而得。

三、地域分布特征

图 3 - 4 是 2017 年样本渔户转产转业的区域分布情况。从中可以看

出，渔户在本村转产转业的比重为79%，在本乡镇内转产转业的比重为14%，在本县内转产转业的比重为5%，本市及以外转产转业的样本渔户仅占总样本的1%，表明当前我国渔户以本县内转产转业为主，县外转产转业较少。主要原因在于，一方面，由于渔户转产转业的成本较高，本县内转产转业一定程度上可以降低渔户退出捕捞业的成本，如信息成本、交通成本、住房成本等；另一方面，捕捞业使渔民形成了浓郁的海洋生产与生活习惯，本县内转产转业可以维持渔户家庭的涉海生活习惯，降低因远离世代居住环境而产生的精神成本。

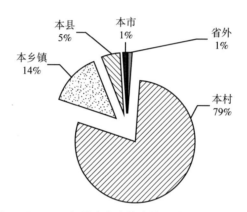

图3-4　2017年样本渔户转产转业的区域分布情况

资料来源：根据调研问卷整理而得。

四、就业选择差异

表3-6显示的是样本渔户转产转业的行业分布情况。从中可以看出，渔户转产转业后，从事海水养殖业的样本渔户占总样本的比重为37.19%，渔业二、三产业占比35.09%，表明海水养殖业是渔户转产转业的首选，渔业二、三产业是第二选择。在渔业二、三产业中，转到水产加工业的样本渔户占比是9.12%，从事渔家乐的样本渔户占比9.47%，另有2.81%的样本渔户选择从事水产品销售业，选择远洋渔业的渔户仅有0.35%。可以看出，在渔业二、三产业中，水产加工业

和渔家乐更受渔户青睐。在渔业外行业中，仅有 1.4% 的样本渔户转到第一产业，25.61% 的样本渔户选择二三产业。其中，6.32% 的样本渔户选择从事建筑业，3.86% 的样本渔户选择到企业上班，从事交通运输业的样本渔户较少，这表明渔民更倾向于选择从事与渔业有关的行业，渔民从事的行业绝大多数属于传统的劳动密集型产业，集中在海水养殖业、水产加工业、建筑业及方便居民生活的服务业等与体力密切相关的产业。

表 3-6　　　　　　2017 年样本渔户转产转业的行业分布情况

行业	频数（次）	比值（%）	行业	频数（次）	比值（%）
海水养殖业	106	37.19	渔业外第一产业	4	1.40
渔业二、三产业	100	35.09	渔业外二、三产业	73	25.61
其中：水产加工业	26	9.12	其中：建筑业	18	6.32
渔家乐	27	9.47	交通运输业	2	0.70
水产销售	8	2.81	企业上班	11	3.86
远洋渔船	1	0.35	无业	8	2.81

资料来源：根据调研问卷整理而得。

五、转产转业的时间特征

转产转业的时间特征是指在特定的背景下，渔户转产转业的起止时间所表现出来的特征。图 3-5 显示的是 2017 年样本渔户转产转业的时间分布情况。从中可以看出，样本渔户转产转业的时间集中在 1995 年之后，这并不是说明 1995 年以前没有渔户发生转产转业行为，而是与本书对渔业劳动力的定义为 18~65 岁之间有关。我们在调研过程中了解到，1995 年之前进行转产转业的渔民年龄基本超过 65 岁，不在本研究范围内，故 1995 年前转产转业渔户频数为 0。2004 年以后实施转产转业的样本渔户最多，占总样本的比重为 71.93%。14.04% 的样本渔户是在 2001~2003 年之间进行转产转业，15.09% 的样本渔户在 1995~2000 年间转产转业。这表明渔户转产转业行为主要发生在近些年，这主要是海洋渔业资源持续衰退、捕捞利润大大降低以及国家实施渔户转产转业政策共同作用的结果。

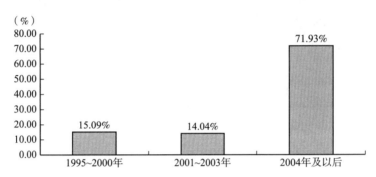

图 3-5　2017 年样本渔户转产转业的时间分布情况

资料来源：根据调研问卷，笔者自行绘制。

六、转产转业决策类型差异

渔户转产转业不仅受客观条件的限制，而且受主观意愿的影响。渔户转产转业决策过程中存在着大量理性和非理性因素。目前，渔户转产转业主要有理性思考决策类型、跟风模仿决策类型、被动接受决策类型三种。

（1）理性思考决策类型。该类型渔户会主动通过各种途径了解相关的政策信息，理性分析自身的实际情况，包括家庭劳动力数量、转产转业的成本—收益及风险比较等，进而做出是否实施转产转业的决策。此外，理性的渔户家庭会充分考虑如何转产转业、往哪里转产转业等问题。当然，具体决策过程会因渔户家庭资源禀赋不同而有所差异。

（2）跟风模仿决策类型。与理性思考决策类型相反，该类型渔户在做出转产转业决策前，一般采取观望态度，作为旁观者，看到周围渔户做出转产转业决策后，一般会采取随从策略。该决策类型在渔村比较常见，其原因在于：一方面，渔民文化素质较低，分析能力不强，属于典型的风险规避者；另一方面，该类型渔户具有明显的趋同心理，不会成为特立独行的风险承担者，容易跟随周围的渔户做出相同的决策行为。因此，推进渔户转产转业，需要政府方面的动员、宣传、支持、邻里劝说等，有了这些催化剂，渔户更容易做出转产转业的决策。

（3）被动接受决策类型。该决策类型是指渔户在政府部门的压力下，被迫做出转产转业行为的决策方式。一般情况下，渔户做出转产转业决策前，社区或相关主管部门会出台明确的转产转业政策。在政策既定的情况下，渔户根据是否有利于提高自身利益做出分析。如果转产转业有利于提高自身利益，那么渔户会主动做出转产转业决策；如果转产转业不利于提高自身利益，即使短期内渔户有抵制行为，但最终结果是渔户迫于上级压力而转产转业。在调研过程中发现，部分地区实行渔船集体所有制，受海洋渔业资源衰退及政策影响，社区推动渔户转产转业，渔户迫于政策顺从集体安排，这种决策类型容易违背渔户家庭意愿，对渔户造成一定的伤害。因此，在实施过程中应逐步完善转产转业政策，适当引导，维护好渔户家庭利益。

七、转产转业意愿特征

1. 渔户转产转业意愿总体分布特征

图 3 - 6 显示的是渔户转产转业行为和意愿的基本情况。从中可以看出，在转产转业行为方面，大部分样本渔户已完成转产转业，占样本总体的 80.06%，仅 19.94% 的渔户未转产转业，表明样本渔户的转产转业比例较高。在转产转业的意愿方面，对于问题"如果能获得相应的补偿，你是否愿意放弃近海捕捞，进行转产转业，并上缴渔船相应的手续"，80.34% 的样本渔户选择了"愿意"，仅有 19.66% 的渔户选择"不愿意"，表明大部分渔户具有转产转业的意愿。明确表示愿意转产转业的渔户已达 4/5，这表明研究渔户转产转业问题已存在迫切的需求基础。

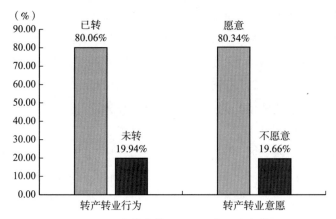

图 3 - 6　渔户转产转业行为和意愿分布情况

资料来源：根据调研问卷整理而得。

2. 转产转业原因分布特征

表 3 - 7 显示的是渔户转产转业的原因分布情况。在转产转业意愿方面，对于不愿意转产转业的原因，本书在问卷中设置了"难以获得稳定的非农就业机会""政府给予的转产转业补贴较少""政府给予的渔船报废补贴低于渔船成本""转产转业成本太高""习惯了渔村/海边的生活""其他原因"六方面的原因。从表 3 - 7 可以看出，选择"难以获得稳定的非农就业机会"的样本渔户占不愿意转产转业样本渔户的比重为 75.71%，占比最高，表明就业机会少是渔民不愿意转产转业的主要原因。28.57% 的样本渔户选择"转产转业的成本太高"，渔民转产转业的主要成本来自沉淀成本，较高的沉淀成本是阻碍渔民转产转业的重要因素。21.43% 的样本渔户选择"政府给予的渔船报废补贴低于渔船成本"。渔船成本是转产转业的主要成本，获得与渔船价值相应的资金是渔户顺利完成转产转业的关键因素，受渔船报废补贴政策的限制，船主难以得到等价值的资金，一定程度上降低了渔户转产转业的意愿和行为。20.00% 的样本渔户选择"政府给予的转产转业补贴较少"。转产转业是一项巨大的民生工程，虽然政府发放一定的补贴降低转产转业的成本，但由于渔户基数大，政府补贴只能起到"杯水车薪"的作用。

仅有 2.86% 的样本渔户选择了"其他原因"。

表 3 - 7 渔户转产转业意愿的原因分布情况

不愿意转产转业的原因	占比（%）	愿意转产转业的原因	占比（%）
1. 难以获得稳定的非农就业机会	75.71	1. 城市完善的公共服务	3.15
2. 政府给予的转产转业补贴较少	20.00	2. 从事非农的收入较高	12.94
3. 渔船报废补贴低于渔船成本	21.43	3. 渔业资源少，收入低	88.46
4. 转产转业成本太高	28.57	4. 政府对转产转业有补贴	9.09
5. 习惯了渔村/海边的生活	78.57	5. 年龄因素（身体原因）	21.68
6. 其他原因	2.86	6. 捕捞业太累	40.56
		7. 其他原因	0.70

资料来源：根据调研问卷整理而得。

此外，本书设置了"城市完善的公共服务""从事非农的收入较高""渔业资源少，收入低""政府对转产转业有补贴""年龄因素（身体原因）""捕捞业太累""船体损坏"七个表征渔户愿意转产转业的原因。从表 3 - 7 可以看出，88.46% 的样本渔户选择"渔业资源少，收入低"这一原因，表明当前渔业资源衰退已成为影响渔户转产转业意愿的重要因素。40.56% 的样本渔户选择了"捕捞业太累"。21.68% 的样本渔户由于"年龄因素（身体原因）"愿意进行转产转业。由于海洋捕捞业属于高风险行业，对从业人员的身体素质、专业技能等要求较高，对于年龄较大、身体状况欠佳的渔民来说，出海会带来严重的安全隐患。选择"从事非农的收入高""政府对转产转业有补贴""城市完善的公共服务"的样本渔户占总样本的比重分别为 12.94%、9.09% 和 3.15%，仅有 0.70% 的样本渔户是因为"其他原因"愿意转产转业。

第四节 涉海渔户转产转业存在的问题

一、渔民人力资本水平普遍较低

渔民人力资本水平较低是我国涉海渔户转产转业的"内在瓶颈"。长期以来，我国公共教育资源在城乡间分配不均衡，优质教育资源为城镇所有，乡村地区在办学条件、师资、儿童入学等方面均处于弱势地位。特别是对于地处偏远海岛和沿海地区的渔村，信息相对闭塞，渔民受教育机会有限，难以享受优质教育资源，文化素质普遍较低，缺乏从事其他行业的技能，再就业的能力比较弱。调查结果显示，75%的样本渔户户主文化程度在初中及以下，高中以上文化程度户主仅占25%，具有专业技术的劳动力数量更少。另外，尽管社区组织转产转业培训，渔民在就业技能及适应新环境方面的能力有一定提高，但渔民由于年龄大、文化程度低等原因，总体上仍然缺乏竞争力。对人力资本要求较高的正规二、三产业部门，不仅需要劳动者具备新技能，而且需要较高的素质才能胜任工作岗位和职业要求，这是大多数渔民无法企及的。因此，渔民转产转业后只能从事强度大、报酬低、卫生环境差等比较低级的劳动。长期来看，随着工业化和城镇化的快速发展，高新技术产业所占比重越来越高，文化程度偏低的渔民在行业选择上所受限制会越来越大。

二、渔民就业观念陈旧

沿海渔民对渔业、渔村、渔船等具有很深的情感，渔民对以捕捞为生的传统生活方式有很强的依赖性，"靠天、靠海吃饭"的传统观念根深蒂固。受过去渔业资源丰富、效益好的影响，渔民普遍存在"内行生意不可丢,外行生意不可做"的守旧意识,就业观念陈旧。尽管海洋渔业资源逐年衰退,但部分渔民仍然存在"等、靠"心理,缺乏创业的勇气,再就业的能力比较弱。此外,受自身能力限制,渔民对就业岗位心存疑虑,部分渔民由于新就业岗位收入低,又转回捕捞行业,导致渔民反流现象比较严重。调查结果显示,年龄在45岁及以上的样本渔户户主占总样本的比重为76.49%,受年龄及思想观念的限制,大部分渔户希望就地转产转业,且不愿意离开渔业。限于当地就业机会较少,大部分渔民获取新就业机会的空间变得非常狭小。同时,社区对渔户转产转业的宣传和引导不充分,也是渔民再就业和创业观念落后的重要原因。

三、渔户退出捕捞业成本较高

捕捞生产活动是渔船、渔具、燃油等生产工具与劳动力相结合进行生产的方式。其中,渔船是渔户大额资产存量的物化表现形式,是从事捕捞生产作业的主要生产要素。一方面,渔船作为渔户从事捕捞作业的主要固定成本,在一定期间内,渔船存量具有不变性。另一方面,渔船除用作捕捞生产作业外,几乎不能用于其他用途,具有很强的专用性。如果渔户退出捕捞业,无异于放弃原有的生产能力——渔船。因此,渔船构成渔户转产转业的主要退出成本。此外,多数渔户将大部分捕捞收益投入到更新渔船中,渔船成为沉淀成本①而无法兑现。虽然政府给予渔船报废一定的补贴,但补贴金额有限,通常低于渔船实际价值。自愿申请报废的渔船,大多是船体破旧、负债过多、无法维持生产的渔船,所获得的政府补贴更少,不足以偿还所欠的债务。受海洋渔业资源衰退影响,多数渔船处于亏损状态,渔民负债累累,若放弃现有渔船,难以筹集到足够资金投入其他行业发展。受渔业生产风险较大影响,银行对渔户贷款的条件比较苛刻,渔户难以通过正规渠道获得贷款,所需资金

---

① 根据经合组织欧洲转型经济合作中心的定义,沉淀成本是指在生产活动中,鉴于用途的专用性,一旦投入相应的货币支出,便成为历史成本、不能收回的成本。

主要来源于私人贷款，一定程度上限制了渔户再就业的开展，导致渔户退出捕捞业的成本较高。

四、转产转业政策体系不健全

2001 年，我国全面实施沿海渔民转产转业后，渔业主管部门相继出台了一系列渔船报废补贴、举办转产转业培训、为渔民创业提供低息贷款、减少税费及其他项目扶持等政策，部分地区为转产转业渔民提供就业岗位或优先安排生产项目。这些政策对促进渔户转产转业发挥了一定的作用，但在实施过程中存在较多问题。第一，受补贴对象存在偏差。渔船报废补贴主要以渔船为单位发放，即渔船股东获得一定补贴，而真正从事捕捞生产的渔民（雇工人员）并没有得到补助。第二，渔户难以从政府资助的项目中获益。政府依托产业发展或项目建设创造就业岗位，吸纳转产转业渔民。但在实际操作过程中，渔民因缺乏资金、技术等生产要素无法直接承办项目，只能充当打工者。因此，渔户在转产转业项目中的收益相当有限。第三，转产转业资金缺口较大。渔户转产转业是一项复杂的系统工程，涉及渔民意识转变、项目开发规划、资金筹措、渔民安置等诸多方面，需要充足的资金支持。一方面，政府对转产转业工程的投入资金不足，有限的资金投入和庞大的资金需求之间的矛盾越来越突出。2005 年起，本就难以满足推动渔户转产转业的补助金额仍在不断缩减，严重影响了渔户转产转业的进程。另一方面，即使渔船被批准获得补助资金，但资金不到位现象时有发生，进一步降低了渔户转产转业的积极性。第四，补贴发放流程复杂。渔户从申请到最终拿到补贴的周期较长，流程复杂，一定程度上降低了跟风模仿决策型渔户转产转业的意愿，不利于渔户转产转业行为的发生。

五、渔民社会保障不完善

当前，国家对城市下岗职工有最低生活保障，对老少边穷地区的贫困人口有专项贫困资金，而对于生活陷入贫困的捕捞渔民，部分地区只提供了极其微薄的补助，多数地区没有任何措施保障渔民的基本生活。对于世代以捕捞业为生的渔户来说，一旦失去赖以生存的海域，其家庭生活不堪设想。现有形势下推动渔户转产转业，除了组织渔民进行转产转业培训、提供转产转业补贴外，更重要的是要通过制度的完善解除渔户转产转业后家庭生活的后顾之忧。

在我国现行社会保障制度下，部分渔民处于社会保障体系之外，生活保障面临诸多不确定性因素，增加了渔户转产转业的风险成本。在医疗保险方面，我国的医疗保险以城镇职工医疗保险、城镇医疗保险、新型农村合作医疗为主，基本实现医疗保险全覆盖。然而，由于缴费基数不同，新型农村合作医疗保险保障水平较低，且存在区域差异，就医与报账没有实现顺利衔接，报销程序烦琐且非常严格，只能在政府指定的医院住院使用。对于进行异地转产转业的渔民来说，缴纳地与赔付地通常不一致，增加了报销的难度，渔民看病难的问题比较严峻。在养老保险方面，我国部分地区有条件的渔民已经参保，但缴纳金额较低，政府配套少，保障水平非常有限。即使按最高额度进行缴纳，渔民年老后领取的养老保险也难以维持基本生活水平。此外，渔村社会保障缺乏系统性，已出台的法律规章制度可操作性差，现实中难以保障渔民的权益，渔民转产转业后并未得到社会保险的保障。在社保缴纳环节，由于渔民收入水平较低，社保缴费金额较高，一定程度上影响了渔民参保的积极性。因此，亟须要改革与户籍制度相联系的社会保障制度，改变城乡分割的局面，适当向转产转业渔民进行倾斜。

六、转产转业的组织化程度较低

提高渔户转产转业的组织化程度是推动渔户顺利转产转业的有效方式。当前，渔户转产转业大多处于自发状态，依靠亲帮亲、邻帮邻，以地缘和血缘关系为纽带的"连锁效应"实现转产转业，依靠中介组织转产转业的比重较小。一方面，我国已有的人才中介组织主要面向城镇职工、大学生和企业下岗职工，尚未有直接服务于渔民的市场中介组织，导致我国渔户转产转业行为以无序为主，组织化程度偏低。另一方面，在社区层面，由于社区组织引导工作不到位，我国渔户转产转业普遍缺乏就业指导、就业服务，难以获取便捷可靠的信息渠道，多数渔户转产转业具有一定的盲目性和分散性。因此，通过社区组织引导转产转业的比重小。此外，在我国渔户转产转业实践中，社区引导、中介组织和渔民自组织在渔户转产转业中的职责划分不清，各组织无法充分发挥各自的优势，尚未形成相互协调、相互补充的渔户转产转业组织体系，导致渔户转产转业的就业渠道不畅通，为渔民实现再就业服务的信息反馈、中介服务和管理工作比较薄弱，中间梗阻的问题较严重。

第五节　小　　结

随着海洋过度捕捞及海洋生态环境的破坏，海洋渔业资源加剧衰退，大批渔户面临失海，家庭生活陷入困境，渔户亟须要转产转业。第一，本章系统分析了改革开放以来我国涉海渔户转产转业的演化过程，将其划分为萌芽阶段（1978～1995 年）、初期阶段（1996～2000 年）、正式启动阶段（2001 年至今）。第二，基于宏观层面，采用从事海洋捕捞人数、海洋捕捞渔船、海洋捕捞产量等宏观数据，分析了改革开放以来我国涉海渔户转产转业的宏观特征。第三，基于微观渔户层面，采用渔户调查数据，详细分析了我国涉海渔户转产转业的微观特征，包括户主和家庭特征、地域分布、就业差异、转产转业的时间特征、转产转业模式和意愿特征等。第四，剖析了当前我国涉海渔户转产转业存在的主要问题：一是渔民人力资本水平普遍较低；二是渔民就业观念陈旧；三是渔户退出捕捞业成本较高；四是转产转业政策体系不健全；五是渔民社会保障不完善；六是转产转业的组织化程度比较低。

第四章

涉海渔户转产转业的影响因素分析

渔户是一个集生产和消费为一体的基本单位，是转产转业行为的最终实施者。在家庭偏好、资源禀赋和市场条件等因素的影响下，渔户需要同时做出生产要素配置决策和消费决策，以实现自身效用最大化。受社会、文化、心理等多种因素的影响，渔户既要考虑效用目标和要素禀赋约束，又要考虑制度、政策、经验等因素。因此，渔户转产转业行为是一个复杂的系统过程，要根据自身条件和外部环境合理有效地重新配置资源，以追求效用最大化，提升家庭福利水平。能否顺利推动渔民转产转业事关渔民利益及"渔村振兴"的大局。然而，在既定的现实背景下，为什么一些渔户仍然继续从事捕捞业而未实现转产转业？哪些因素是影响渔户转产转业意愿和行为的关键变量？为什么有些渔户转产转业意愿较强但实际行为却未转？遗憾的是，尚未有相关文献对涉海渔户转产转业的影响因素进行系统研究。为此，本章基于户主个体、家庭、村庄、外部经济环境和政策5个层面提出影响渔户转产转业的因素，丰富涉海渔户转产转业影响因素实证研究的相关内容。本章回答了论文研究思路中的"为什么"问题，同时为后文研究涉海渔户转产转业"怎么样"的问题，即福利效应分析奠定基础。

第一节　理论假设

渔户转产转业的决策行为是其在权衡转产转业成本、收益、风险等基础上做出的有限理性选择，若转产转业的预期收益大于继续从事捕捞业的收益，其理性决策是愿意并进行转产转业；若转产转业的预期收益小于继续从事捕捞业的收益，其理性决策是不愿意且不会进行转产转业。根据计划行为理论，人的行为是其深思熟虑后作出的结果，行为意向与实际行动之间存在高度的相关性（Ajzen，1991）。意愿对行为起着中介与协调作用，意愿增强有助于改善和修正行为（唐孝威，2007）。实际行动是个体的行为态度、主观规范和控制认知三个变量共同作用的结果。其中，行为态度是个体对执行某种行为的积极或消极的评价，主要来源于个体预期执行某种行为的结果。主观规范是个体感知到的周围人、组织、制度对他施行或不施行某种行为所造成的压力，主要指影响个体意愿的社会因素，如法律法规、市场制度、组织制度等。控制认知是指个体感知到的施行某种行为的能力，是推动或阻碍执行某种行为的因素。当个人感觉拥有的资源与机会越多，控制信念越坚定，行为控制认知也就越强。因此，个体的行为态度、主观规范越积极，感知到的行为控制力越强，执行某种行为的意识就越强，最终执行某种行为的可能性就越大（Ajzen，1991）。渔户转产转业行为亦是如此，当渔户对转产转业态度和主观规范越积极，感知到的控制力越强，转产转业的意识就越强，从而越有可能实施转产转业行为。

本书主要从户主基本特征、家庭特征、村庄特征、外部经济环境和政策变量5个方面提出渔户对转产转业意愿和行为的影响因素假说。本书转产转业意愿及其行为是通过入户调研时询问渔民是否已经转产转业及其对应原因来区分。

一、户主基本特征对转产转业的影响

渔户户主个体的特征变量，主要考虑性别、文化程度、年龄、健康状况和技能培训5个变量。与陆地农业不同，男性是从事海洋捕捞的主要成员，女性上船作业的可能性较小。与女性户主相比，男性更易于接受新行业，因而转产转业的意愿更强，其家庭实施转产转业行为可能性也更大。文化程度反映的是人力资本存量，文化程度越高，对事物的认知能力越强（胡定寰等，2006）。户主的文化程度越高，对转产转业的认知能力越强，接受新技术、适应新行业的能力也较强，更易理解转产转业的意义，因而采取转产转业的意愿和行为可能性更大。随着户主年龄增大，渔民"弃海上岸"转产转业意愿增强，同时，随着年龄的增长，渔民思想趋于保守，"恋海情节"严重，降低转产转业意愿，受两种相反作用的影响，年龄对转产转业意愿和行为的影响不确定。海洋捕捞对身体素质要求较高，身体较差的渔户户主更能感知到继续从事捕捞行为的能力受限，因而，转产转业的意愿和行为可能性越大。技能培训有助于提升户主非农就业技能（朱文伟，2013），降低渔户转产转业成本，进而提升转产转业意愿和行为的概率。基于上述分析，提出如下假说：

假说 1：男性更倾向于转产转业。渔民年龄对转产转业意愿和行为的可能性具有不确定性。户主健康状况越好，渔户转产转业的意愿和行为可能性越低。文化程度高的户主，渔户转产转业意愿和行为概率较大。户主受过技能培训有利于增加渔户转产转业意愿和行为的可能性。

二、家庭特征对转产转业的影响

本书引入是否有需要赡养的老人、是否在城镇购房、是否有耕地、是否有互联网、捕捞时间、恩格尔系数、社会网络 7 个渔户家庭特征变量。当前我国社会保障体系尚不健全，农村家庭承载着重要的养老功能，子女是老年人照料的主要载体（贺志聪和叶敬忠，2010），通常，为便于照料家中的老人，渔民倾向于继续从事海洋捕捞，转产转业的意愿和行为可能性较低。同时，赡养老人会给渔户带来一定的经济负担，一定程度上又推动渔民转产转业，因而，家庭是否有需要赡养的老人对转产转业的意愿和行为影响不明显。城镇住房是生活居住的场所，具有居住效应，一般而言，已在城镇购房可以降低渔民尤其是在城镇就业的渔民转产转业的转移成本，同时，城镇拥有的住房也具有财富效应，有利于提升转产转业的意愿和行为的可能性。土地是农民生存的重要保障，拥有耕地的渔户，为方便农业耕种，渔户倾向于继续从事海洋捕捞，同时，有较大规模土地的渔户可以转为从事种植业，推动渔民"弃捕上岸"，因此，家庭是否有耕地对渔民转产转业的影响受两种相反力量的作用，具有不确定性。互联网作为新的移动社交媒体影响渔民的行为观念、生活状态，不仅为渔户了解政府转产转业政策提供便捷平台，也有利于形成非农迁移的"网络效应"（史晋川和王维维，2017），增加了渔民就业机会，进而提高渔户转产转业意愿和行为的可能性。以是否有亲戚转产转业表征的社会网络反映了渔户周围已转产转业渔户产生的"示范效应"，被动接受决策型渔户易受周围已转渔户形成的压力影响。同时，社会网络的"示范效应"有利于渔民获取转产转业的相关信息，提高对转产转业风险、成本的认知和把控，进而提升渔户转产转业的意愿和决策行为的概率。一般而言，传统渔民从事捕捞时间较长，养成一定的生产和生活习惯，且由于将大部分时间和精力用于近海捕捞生产，缺少其他领域的相关技能，一定程度上抑制了渔户转产转业的意愿，进而降低了转产转业的可能性。恩格尔系数反映了渔户家庭生活中食品支出占消费总支出的比重，该系数越高，表示渔户生活水平越低下。为增加家庭收入，提高家庭生活水平，转产转业的意愿会更高，进而转产转业行为的可能性更大。基于上述分析，提出如下假说：

假说2：是否有需要赡养的老人，对渔户转产转业影响不明显。城镇拥有住房的渔户，更愿意转产转业。是否拥有耕地对渔户转产转业意愿和行为的影响不明显。互联网、社会网络有利于提升渔户转产转业的意愿和行为的概率。捕捞时间越长的渔户，越不愿意转产转业，其进行转产转业可能性也较低。恩格尔系数越高的渔户，其转产转业的意愿和行为的可能性较高。

三、村庄特征对转产转业的影响

本书引入本村与乡镇的距离和本村是否有企业两个村庄特征变量。

一般而言，村庄距离乡镇越近，交通越便捷，可以提高劳动要素流动的便利性，降低渔民跨地域转移的交易成本，同时，本村距离乡镇越近，渔民获取企业就业机会的可能性越大，一定程度上增加渔户转产转业的意愿和行为的概率。农村拥有企业，不仅为渔户提供就地就业机会，而且为本地渔户入社分红提供便利，提高渔民转产转业的意愿和行为的可能性。基于上述分析，提出如下假说：

假说3：村庄距离乡镇越远，渔户转产转业的意愿和行为的可能性越小。村庄拥有企业正向影响渔户转产转业的意愿和行为的概率。

四、外部宏观经济环境对转产转业的影响

本书引入二、三产业占比和人均GDP两个反映外部经济环境的变量。二、三产业是农业劳动力转移的主要方向，对于"弃捕上岸"的渔户来说，发达的二、三产业，可以从两个维度影响渔户转产转业，一方面，随着二、三产业的发展，通过扩大劳动力蓄水池的容量，吸引渔民转向其他行业，为渔民提供更多的就业机会，另一方面，渔民从事二、三产业，城市公共服务越完善，为渔户转产转业提供坚实保障，进而提高了渔户转产转业的意愿和行为的概率。人均GDP反映了宏观经济发展状况，经济发展水平越高，表明地方经济越发达，城乡一体化程度越高，渔民愿意进而进行转产转业的可能性也越高。基于上述分析，提出如下假说：

假说4：城镇化率和人均GDP越高的地方，渔户转产转业的意愿和实施转产转业行为的可能性也越高。

五、政策对转产转业的影响

本书引入转产转业补贴的政策变量。资金缺乏是渔户转产转业难的重要原因（徐敬俊和吕浩，2010；金永忠等，2016），转产转业补贴是加快渔户转产转业的一项激励措施，可以降低渔户转产转业的成本，多

种形式的转产转业补贴，有利于减少渔民对捕捞业的依赖，对于提升渔户转产转业的意愿具有积极作用，进而提高渔户转产转业行为的可能性。基于上述分析，提出如下假说：

假说5：转产转业补贴有利于提升渔户转产转业意愿和行为的可能性。

第二节　涉海渔户转产转业影响因素的实证分析

一、模型构建

渔户是否愿意转产转业以及是否转产转业是两个二值选择问题。按照认知行为理论，认知能力有助于强化行为，提高渔户转产转业的意愿，可以促进渔户转产转业行为。本书选用双变量 Probit 模型来分析相关影响因素。

将渔户对转产转业的意愿和是否已经转产转业进行两两组合，会产生四种结果，即"愿意转产转业，已转""愿意转产转业，未转""不愿意转产转业，已转""不愿意转产转业，未转"。分别用虚拟变量 D_i 和 S_i 表示渔户 i 的以上两种行为，设 $D_i = 1$ 表示"愿意转产转业"，$D_i = 0$ 表示"不愿意转产转业"，$S_i = 1$ 表示"已转"，$S_i = 0$ 表示"未转"，那么以上观测变量 D_i 和 S_i 两两配对的可能结果可表示为（1，1）、（1，0）、（0，1）和（0，0）。意愿和行为的形成都要经历一个渐进的变化过程，用 D_i^* 和 S_i^* 两个不可观测的潜变量分别表示渔户对转产转业的意愿和行为的变化，其表达式如下：

$$\begin{cases} D_i^* = \alpha X_i + \varepsilon_i \\ S_i^* = \beta Z_i + \mu_i \end{cases} \qquad (4-1)$$

式（4-1）中，X_i 和 Z_i 分别表示上述假说中言及的影响渔户转产转业意愿和转产转业行为的自变量向量，α 和 β 是待估系数向量，ε_i 和 μ_i 为误差项，假定 ε_i 和 μ_i 服从联合正态分布，即：

$$\begin{pmatrix} \varepsilon_i \\ \mu_i \end{pmatrix} \sim N \left\{ \begin{pmatrix} 0 \\ 0 \end{pmatrix}, \begin{pmatrix} 1 & \rho \\ \rho & 1 \end{pmatrix} \right\} \qquad (4-2)$$

式（4-2）中，ρ 是 ε_i 和 μ_i 的相关系数。$D_i^* > 0$，表示渔户对转产转业的意愿为正，即愿意转产转业；同理，$S_i^* > 0$ 表示渔户已经转产转业。那么 D_i^* 和 D_i、S_i^* 和 S_i 的关系可以由以下方程决定：

$$D_i = \begin{cases} 1, & 若 D_i^* > 0 \\ 0, & 其他 \end{cases}, \; S_i = \begin{cases} 1, & 若 S_i^* > 0 \\ 0, & 其他 \end{cases} \qquad (4-3)$$

式（4-3）中，两个方程的唯一联系是扰动项 ε_i 和 μ_i 的相关性。若 $\rho = 0$，则式（4-3）等价于两个单独的 Probit 模型。若 $\rho \neq 0$，则 D_i^* 和 S_i^* 之间存在相关性，可利用双变量 Probit 模型对 D_i 和 S_i 的取值概率进行最大似然估计。若 $\rho > 0$，D_i 和 S_i 之间存在互补效应；若 $\rho < 0$，D_i 和 S_i 之间存在替代效应。以 ρ_{11} 为例，具体计算过程如下：

$$\begin{aligned} \rho_{11} &= p(D_i = 1, S_i = 1) = p(D_i^* > 0, S_i^* > 0) \\ &= p(\varepsilon_1 > -\alpha X_i, \varepsilon_2 > -\beta Z_i) = p(\varepsilon_1 < -\alpha X_i, \varepsilon_2 < -\beta Z_i) \\ &= \phi(\alpha X_i, \beta Z_i, \rho) \end{aligned} \qquad (4-4)$$

同理，可以计算得到 ρ_{10}。根据最大似然法对 ρ_{11}、ρ_{10} 进行联合估计，其对数似然函数如下：

$$\begin{aligned} \ln L \sum_{i=1}^{n} \{ & D_i S_i \ln \phi_2(\alpha X_i; \beta Z_i; \rho) + D_i(1 - S_i)\ln[\phi(\alpha X_i) - \\ & \phi_2(\alpha X_i; \beta Z_i; \rho)] + (1 - D_i)\ln \phi(-\alpha X_i) \} \end{aligned} \qquad (4-5)$$

式（4-4）和式（4-5）中 $\phi(\cdot)$ 为累计标准正态分布函数，L 为似然函数，$\phi_2(\cdot)$ 为二元累计正态分布函数，该函数的期望值为 0，方差为 1，ρ 为相关系数。

通过检验原假设"$H_0: \rho = 0$"来判断是对两个单独的 Probit 模型分别进行估计，还是应该使用双变量 Probit 模型。如果检验结果拒绝原假设，则有必要使用双变量 Probit 模型。

二、变量设置及描述性统计

被解释变量和解释变量的含义及描述性统计结果见表 4-1。

表 4 – 1 模型变量与描述性统计分析

类型	变量名称	变量设置	均值	标准差	最小值	最大值
户主特征	性别	男性 = 1；女性 = 0	0.952	0.213	0	1
	年龄	户主实际年龄	50.376	7.291	30	64
	文化程度	小学 = 1；初中 = 2；高中及以上 = 3；大专及以上 = 4	2.152	0.653	1	4
	健康状况	1. 差；2. 中；3. 良；4. 优	3.559	0.586	1	4
	培训	是 = 1，否 = 0	0.584	0.494	0	1
家庭特征	赡养老人	是 = 1；否 = 0	0.685	0.465	0	1
	城镇买房	是 = 1；否 = 0	0.202	0.402	0	1
	耕地	是 = 1，否 = 0	0.598	0.490	0	1
	互联网	是 = 1，否 = 0	0.916	0.278	0	1
	恩格尔系数	家庭食物支出/总支出（%）	0.363	0.102	0.15	0.75
	捕捞时间	实际从事捕捞的时间	15.522	8.561	1	40
	社会网络	是 = 1；否 = 0	0.876	0.329	0	1
村庄特征	交通	本村到市区的实际距离（公里）	5.959	3.781	0.24	12
	是否有企业	是 = 1，否 = 0	0.477	0.500	0	1
外部环境	人均 GDP	本县具体人均 GDP（元/人）	11.944	0.231	11	12
	二、三产业占比	本县具体城镇化率（%）	0.922	0.107	0.434	0.727
政策变量	转产转业补贴	有 = 1，无 = 0	0.604	0.490	0	1

三、模型估计结果

本书运用 Stata14.0 软件对模型进行拟合，估计结果见表 4 – 2。由表 4 – 2 可以看出，对数似然值为 – 213.413，卡方值为 3.752，P 值为 0.052，模型在 1% 的统计水平上通过显著性检验。ρ 为 0.235，在 1% 的统计水平上显著。这表明渔户在转产转业意愿与转产转业行为之间存在一定的互补效应，即渔户转产转业意愿对实施转产转业行为具有积极影响。原假设 "$H_0: \rho = 0$" 不成立，表明本书应采用双变量 Probit 模型进行参数估计。调查结果也显示，在已转产转业的渔户中，84.56%的渔户愿意转产转业，而在未转产转业渔户中，63.38%的渔户愿意进行转产转业。由于双变量 Probit 模型不是线性模型，为此本书估计了边际效应。

表 4－2　　　涉海渔民转产转业的意愿和决策行为影响因素的
双变量 Probit 模型估计结果

		模型（1）转产转业行为	模型（2）转产转业意愿	模型（3）边际效应
户主基本特征	性别	1.092 ** (2.01)	1.475 *** (3.56)	0.312 *** (3.62)
	年龄	0.032 (0.99)	0.006 (0.17)	0.005 (0.97)
	年龄的平方项	0.001 (0.20)	−0.001 (−0.56)	−0.001 (−0.35)
	文化程度	0.168 (1.09)	0.187 (1.01)	0.043 (1.37)
	健康水平	−0.167 (−1.13)	−0.006 (−0.03)	−0.0207 (−0.72)
	培训情况	0.832 *** (2.57)	0.927 *** (4.02)	0.214 *** (4.56)
家庭特征	赡养老人	0.039 (0.37)	−0.292 (−1.45)	−0.032 (−0.87)
	购房情况	0.448 (1.47)	−0.253 (−1.01)	0.021 (0.42)
	耕地	0.002 (0.01)	−0.021 (−0.09)	−0.002 (−0.06)
	互联网	0.256 (0.78)	0.126 (0.34)	0.046 (0.65)
	恩格尔系数	0.534 (0.37)	1.457 ** (1.76)	0.244 (1.26)

		模型（1）转产转业行为	模型（2）转产转业意愿	模型（3）边际效应
家庭特征	捕捞时间	-0.047*** (-3.53)	0.013 (0.87)	-0.004 (-1.69)
	社会网络	1.047*** (4.99)	0.679** (2.08)	0.208*** (4.09)
村庄特征	交通	-0.094* (-2.01)	-0.067** (-2.35)	-0.019*** (-3.06)
	企业	1.035*** (4.23)	-0.045 (-0.20)	0.117*** (2.89)
外部经济环境	人均GDP	0.951** (2.23)	1.312*** (3.08)	0.277*** (4.14)
	二、三产业占比	0.611 (0.54)	2.175*** (2.32)	0.343** (1.96)
政策变量	转产转业补贴	0.324 (1.54)	1.167*** (5.36)	0.184*** (5.04)
	常数项	-14.668** (-2.64)	-20.137*** (-4.03)	
	_cons	0.276** (2.27)		
	χ^2值	5.13382		
	P值	0.0235		
	Wald	242.59		

注：括号内为 t 值，***、** 和 * 分别表示 1%、5% 和 10% 显著性水平。

四、结果分析

1. 户主基本特征

户主性别估计系数显著为正，表明户主为男性的渔户转产转业的意愿和行为的可能性更大。男性比女性的冒险意识强，更可能承担转产转业带来的各种未知风险，因此转产转业的意愿更强，更倾向于做出转产转业的决策行为，与预期假设相符。性别变量的边际效应为 0.312，且在 1% 的统计水平上通过显著性检验。这说明男性比女性在转产转业意愿和决策行为上的概率提高 31.2%。调查结果显示，在愿意转产转业的渔户中，98.25% 的户主为男性，已转渔户中 97.19% 的户主性别为男性。

户主年龄对转产转业意愿和行为影响的估计系数均未通过显著性检验，在进一步加入年龄的平方项后，系数仍未通过显著性检验，这说明年龄对转产转业意愿和行为的影响不明显。户主文化程度对转产转业意愿和行为的估计系数为正，但未通过显著性检验，这表明户主文化程度对转产转业的意愿和行为影响不明显。与预期假设不符，这可能与受访户主文化程度普遍偏低有关，对转产转业的认知和行为控制能力有限。调查结果显示，74.72% 的受访户主文化程度在初中及以下，仅 26.28% 的受访户主文化程度在高中及以上。其中，在已转渔户中，74.39% 的户主文化程度在初中及以下，在愿意转产转业渔户中，72.03% 的户主文化程度在初中及以下。

户主健康水平对渔户转产转业意愿和行为影响不显著，表明户主健康与否并非渔户转产转业的重要考量，在总体样本中，身体状况为良和优的户主占到 96.34%，其中，已转渔户中，96.14% 的户主身体状况良好，在愿意转产转业渔户中，96.50% 的户主身体状况良好，身体状况较差的户主占比较少。

技能培训对渔户转产转业的意愿和行为影响的估计系数均为正，且在 1% 的统计水平上通过显著性检验，这表明户主接受技能培训能够显著提升渔户转产转业的意愿和行为的概率，与预期相符。技能培训有助于提升户主非农就业技能，降低渔户转产转业成本，进而提升转产转业意愿和行为的概率。边际效应结果显示，与未参加技能培训的户主相比，参加技能培训的渔户转产转业的意愿和决策行为要高出 21.40%。调查结果也显示，在已转渔户中，63.51% 的户主参加了培训，在愿意转产转业的渔户中，65.73% 的户主参加了技能培训。

2. 家庭特征

家庭是否有需要赡养的老人对渔户转产转业意愿和行为的影响为负，但均未通过显著性检验。这可能是由于当家中有需要赡养的老人时，为便于照料，渔民倾向于继续从事海洋捕捞业，降低了转产转业的可能性；与此同时，赡养老人会给渔户带来一定的经济负担，一定程度上又推动渔民转产转业，寻求可以获取更高收入的新职业，因而，是否有赡养老人对渔户转产转业的最终效应不显著。

是否在城镇购房变量对渔户转产转业意愿和行为的估计系数均未通过显著性检验，表明渔户在城镇购房对转产转业意愿和行为概率的影响不明显，与预期假设存在差异。其原因在于，城镇住房作为生活居住的场所，有利于降低渔户转产转业的生活成本。然而，大部分渔户在城镇购房的目的是为子女置办婚房，而非自己居住，从而削弱了城镇住房对渔户转产转业的作用。在已转渔户中，城镇购房的样本渔户占比为23.07%，其中渔户在城镇为子女置办婚房占比达60.45%。

家庭是否有耕地对转产转业的意愿和行为影响的估计系数为正，但显著性未通过检验，这表明是否拥有耕地对渔户转产转业的意愿和行为影响不显著，原因在于，渔村主要集中在沿海丘陵地带，耕地较少。调查结果显示，90%的渔户耕地面积小于1亩，土地面积小且细碎，随着工业化和城镇化的发展，大部分渔户的耕地已被占用，40%的样本渔户虽持有耕地，但以种植供自家食用的农副产品为主，相对于一般农户，渔户对耕地的保障性依赖非常弱，因此，是否拥有耕地对转产转业的影响不显著。

互联网对转产转业意愿和行为影响的估计系数为正，但未通过显著性检验，表明互联网对渔户转产转业的影响不显著。原因可能在于，尽管88.48%的样本渔户安装了互联网，但由于渔民文化程度较低，难以充分利用网络带来的信息便利。调查结果也显示，近一半的家庭安装网络是为满足子女网上学习的需求，而自己对网络使用甚少。

恩格尔系数对转产转业的意愿影响系数为正，且在10%的水平上通过显著性检验，表明恩格尔系数越高，渔户转产转业意愿越强。恩格尔系数对转产转业行为的影响系数未通过显著性检验，表明恩格尔系数对转产转业行为的影响不明显。原因可能在于，恩格尔系数越高，表示渔户家庭生活水平越低，而生活水平较低的渔户在对待转产转业的意愿上有很高期待，但生活水平较低渔户风险承受能力较弱，受转产转业不确定性风险的影响，不会轻易作出转产转业决策。

捕捞时间对转产转业意愿的估计系数不显著，对转产转业行为影响的估计系数显著为负，这表明捕捞时间对转产转业意愿影响不明显，但显著降低了转产转业行为的可能性，捕捞时间对转产转业意愿和行为的影响出现背离，导致这种差异的原因可能在于，由于传统渔民从事捕捞时间较长，长期的"靠海吃海"的生产和生活习惯降低了转产转业的意愿。但在具体决策中往往受技能限制，转产转业风险较大及较高的沉淀成本等因素，很难实施转产转业行为，渔民将大部分时间和精力用于近海捕捞生产，转产转业资金和相关技能缺乏，一定程度上降低了转产转业行为的可能性。调查结果显示，在已转渔户中，47.71% 的样本渔户从事捕捞时间超过 15 年，在未转渔户中，74.65% 的样本渔户捕捞时间超过 15 年，这进一步佐证了渔户捕捞时间越长，转产转业行为的可能性越低。

社会网络对转产转业意愿和行为的影响系数为正，且在 1% 的水平上通过显著性检验，这表明社会网络能够提升渔户转产转业意愿和行为的可能性，与预期假设相符，以渔户是否有亲戚转产转业表征的社会网络变量，不仅对渔户转产转业构成压力，提升渔户转产转业主观规范，而且能够降低渔户转产转业交易成本，提升渔户转产转业的控制能力。社会网络的边际效应估计结果显示，与周围没有亲朋好友转产转业的渔户相比，有亲朋好友转产转业的渔户做出转产转业行为的可能性要高出 20.80%。

3. 村庄特征

交通便捷度用本村距乡镇的距离衡量，交通便捷度对转产转业意愿和行为影响的估计系数均为负，且在 1% 的统计水平上通过显著性检验，表明交通越方便，转产转业意愿和行为的概率越高，这与预期假设具有一致性。不管是外出务工，还是选择在自家开办渔家乐等自主创业，距乡镇越近，获取信息越便捷，机会也越多。交通便捷度边际效应显示，距离每增加一个单位，渔户转产转业意愿和行为的概率降低1.90%。

企业对渔户转产转业意愿影响的估计系数为正，但未通过显著性检验，而对转产转业行为影响的估计系数显著为正，这表明本村有企业，渔户做出转产转业行为的可能性更大。其原因在于，多数渔村为响应上级政府缓解渔业资源压力、促进渔户转产转业号召，积极招商引资或组建村集体企业，对全村进行统一谋划和部署，要求渔户集体退出捕捞业，这一过程中往往带有行政命令和强制性，因而，不少渔户被迫做出转产转业行为。毋庸置疑，渔村里诸如水产品加工、养殖等企业，不仅有吸纳劳动力的优势，而且具有海洋生产与生活的特殊习俗，对渔民有一定的吸引力。然而，现实调研中发现，渔村企业多以养殖业为主，渔民以打零工的形式进入企业，稳定性差，工资水平低，渔民参与意愿并不高，因而，渔村是否有企业对渔户转产转业的意愿影响不显著。本村企业的边际效应结果显示，与没有企业的渔村相比，有企业对转产转业行为概率的提升高13.20%。

4. 宏观经济环境

人均GDP对渔民转产转业意愿和行为影响的估计系数均为正，且在1%的统计水平上通过显著性检验，人均GDP越高，表明宏观经济环境越好，越能显著提升渔户转产转业意愿和行为的可能性，与预期假设相符。人均GDP的边际效应显示，人均GDP每提高1个百分点，渔户转产转业的概率提升27.70%。

二、三产业占比对转产转业意愿影响的系数为正，在1%的显著性水平上通过检验，但对转产转业行为影响的估计系数不显著，这表明二、三产业占比越高，渔户转产转业意愿的概率越大，但对转产转业行为的影响不明显。造成这种意愿和行为不一致的原因在于，第二产业和第三产业是农村劳动力转移的主要方向（蒋江林，2018），一方面，随着二、三产业的发展，扩大了渔业劳动力就业的蓄水池容量，面对较多的就业机会，渔户转产转业的意愿显著提高；另一方面，二、三产业大多距离渔村较远，多数渔民因生活成本高望而却步；同时，现代正规二、三产业部门对劳动力素质要求较高，而渔民文化程度普遍偏低，这种结构不匹配导致渔民难以进入现代正规工业部门，加之户籍制度的存在，渔民进入正规工业部门就业的机会更少，对渔民的吸纳能力有限。二、三产业占比的边际效应显示，二、三产业占比每提高一个百分比，渔户转产转业意愿提高 34.30%。

5. 政策变量

政策变量以渔户是否享有转产转业补贴来表征。补贴对转产转业意愿影响的估计系数为正，且在 1% 统计水平下通过显著性检验。补贴对转产转业行为的估计系数虽为正，但显著性未通过检验，这表明补贴显著提升了转产转业意愿，但对转产转业行为发生概率影响不明显，补贴对转产转业意愿和行为的影响存在背离。造成这种意愿和行为不一致的原因可能在于，转产转业资金补助低是渔户转产转业难的主要障碍（董启锦等，2013）。当前政府对转产转业渔户提供的补贴形式以资金为主，诸如减船补贴、就业补贴、项目扶持、低息贷款、减少税费等，这些补贴显著提高渔户转产转业的意愿，但补贴金额有限，相对于高额的转产转业成本，现有的补贴仅起到杯水车薪的作用，作为理性的渔户即使意愿提高了，面对高昂的退出成本，不会轻易做出转产转业的行为决策，因而对渔户转产转业行为的影响不显著。另外，转产转业补贴申报程序复杂，申报周期较长，不少渔民因为补贴少且程序烦琐而放弃，严重降低了渔户转产转业行为的概率。转产转业补贴政策的边际效应结果显示，与没有享受补贴政策的渔户相比，接受补贴的渔户转产转业的意愿要比不接受补贴渔户高 18.4%。调查结果显示，在愿意转产转业的渔户中，69.23% 的样本渔户了解到转产转业补贴，另外，当问及"目前的转产转业补贴是否是推动转产转业的主要原因"时，仅 30% 的样本渔户受补贴影响做出转产转业决策。

第三节 小 结

本章利用山东省7个县（区、市）356个渔户微观调查数据，运用双变量 Probit 模型分析了涉海渔户转产转业意愿和行为的影响因素，并测算了相关因素影响涉海渔户转产转业意愿和行为的边际效应。结果表明：户主为男性的渔户转产转业的意愿和行为的可能性更大；年龄、文化程度、健康水平、赡养老人、耕地、互联网、城镇购房对转产转业意愿和行为的影响不明显；技能培训、社会网络、便捷的交通、良好的宏观经济环境均有助于提升渔户转产转业意愿和行为的概率。拥有企业的渔村，渔户转产转业的可能性更大；渔户从事捕捞的年代越长，进行转产转业的概率越低；二、三产业占比和转产转业补贴提高了渔户转产转业意愿，但对行为影响不明显。

第 五 章

涉海渔户家庭福利测度

本书第三章和第四章已分别系统分析了我国涉海渔户转产转业的现状及影响因素，即回答了渔户转产转业"是什么"和"为什么"两个问题，第五章和第六章将在前文分析的基础上，研究"怎么样"的问题，即渔户转产转业的福利效应。在此之前，需要首先对渔户家庭福利水平进行衡量。本章首先梳理了国内外学者广泛使用的福利评价指标，学习借鉴对本章具有参考价值的部分。在此基础上，基于可行能力分析框架，结合渔户转产转业的基本情况，构建涉海渔户家庭福利指标体系，运用主成分分析法测度涉海渔户的家庭福利水平，为第六章实证分析渔户转产转业的福利效应提供数据支撑。

第一节 涉海渔户家庭福利指标体系构建

一、福利测度指标综述

工业革命开始后，人们普遍视经济增长为首要目标。多数学者以GDP 或人均收入等单一指标测度福利。然而，随着经济的快速发展，只注重经济增长的发展方式暴露出诸如生态环境恶化、贫富差距拉大、犯罪率上升等问题。为此，学术界和政策界将社会、生态等因素纳入福利分析框架（见表 5 -1），这使得福利测度指标体系得到不断丰富和完善。

表 5 - 1 福利测度指标选取情况

时间	提出者	福利衡量指标
1971 年	麻省理工学院	生态需求指标
1972 年	James Tobin 和 William Nordhaus	净经济福利（net economic welfare indicator, NEWI）
1973 年	日本政府	净国民福利指标（net national welfare indicator, NNWI）
1989 年	Rober Repetoo 等	净国内生产指标（net domestic product indicator, NDPI）
1990 年	Herman Daly 和 John B. Cobb	可持续经济福利指标（index of sustainable economic welfare indicator, ISEWI）
1990 年	联合国	人类发展指数（human development index, HDI）
1995 年	世界银行	真实进步指标（genuine progress indicator, GPI）和真实储蓄率指标（genuine savings indicator, GSI）
1996 年	Wackernagel 等	生态足迹指标（ecological footprint indicator, EFI）
1997 年	Constanza	生态服务指标体系
1998 年	欧洲和日本	环境会计制度

资料来源：作者根据相关文献整理而得。

1. 净经济福利指标

随着经济社会的发展，学术界发现经济增长难以提高发达国家的福利水平，出现了"收入—幸福之谜"（田国强和杨立岩，2006），即福利达到一定水平后，没有随着收入的增加而改善，而是产生"悖离"现象（Graham，2005）。即使在比较贫穷的国家或地区，也未发现收入和幸福有相关关系的证据。原因在于，影响幸福的因素不仅是收入，而且包括文化、健康、社会地位等内容。幸福与收入之间的这种"悖离"现象被称为"伊斯特林悖论"，即经济增长不等同于福利的改善，诸如个人的幸福感、家庭生活水平、健康状况、就业、医疗服务等难以用 GDP 衡量的内容均会影响人的福利水平（Graham & Pettinato，2002）。至此，学术界逐渐认识到以经济福利评价社会发展的弊端，普遍认可新的社会发展指标体系应当包括经济、社会、生态、文化等内容。

为完善福利评价标准，1972 年 Nordhaus 和 Tobin 在传统 GDP 计算方法的基础上，提出了净经济福利指标（net economic welfare indicator，NEWI）。该指标在传统 GDP 的基础上加上正项、减去负项。其中，正项包括无法计入 GDP 但对 GDP 具有贡献的非市场交易活动，如技术进步、品质提升、环境改善等；负项包括生态破坏、环境污染、交通拥堵、治安混乱等外部性成本。然而，在实际操作过程中，究竟哪些活动作为加项，哪些活动作为减项，学术界未达成一致，这限制了净经济福利指标在测度福利方面的应用。

2. 可持续经济福利指标

1987 年，世界环境与发展委员会发表《我们共同的未来》一文，明确提出了可持续发展理念。此后，学术界在选取福利评价指标时开始关注可持续发展问题，出现了可持续经济福利指标（index of sustainable economic welfare，ISEW）。该指标基于 GNP 对个人消费支出进行调整，更多地考虑低收入人群的福利，扣除了因收入分配不均导致的耐用消费品支出成本及资本净值变化、贫富差距、交通成本、环境污染、生态破坏等社会成本和生态成本，加上了公共基础设施建设、公共安全支出等非预防性公共支出及未付费的家庭劳动、休闲等非市场交易活动。然而，可持续经济福利值没有与 GDP 的增长趋势保持一致，呈现出"倒 U 型"结构。当可持续经济福利值达到临界值后，受其边际增长率递减影响，可持续经济福利开始下降，GDP 的增长趋势与可持续经济福利值出现"悖离"，这表明单纯的 GDP 指标不能全面衡量福利水平。此外，经济福利与可持续发展不存在必然的关系，将经济福利与可持续发展纳入统一研究框架具有一定的局限性，因为影响经济增长和可持续发展的因素不同，得出的综合指标值的大小无法判断是福利增加或减少了，还是可持续性提高或降低了（向书坚，2007）。

3. 人类发展指数

尽管经济福利指标与可持续指标相结合具有一定的片面性，但仍然为人们测度福利提供了新视野。1990 年联合国开发计划署在《人类发展报告》中首次提出人类发展指数（HDI）。该指数以人类发展理念为基础，持续关注人类健康、教育及生活等内容，反映了人类的综合发展情况，广泛用于福利指标的测度。此外，《人类发展报告》还涉及环境保护、男女平等、人身安全、劳工权益及人权等内容。2010 年 UNDP 在《2010 年人类社会发展报告》中又将贫困、不平等和性别歧视纳入该指数，测算了 100 多个国家和地区的多维度贫困、不平等和性别差异情况。

迄今为止，HDI 的具体测算标准进行了一些调整，但基本标准没有变化，主要包括收入、教育和寿命三方面内容。其中，收入以人均 GDP 的对数衡量；教育包括成年人的识字率，小学、中学和大学的综合毛入学率两部分内容，其权重分别设为 2/3 和 1/3；寿命采用婴儿的预期寿命衡量。收入指数、教育指数和寿命指数的计算公式为：$X_i = \dfrac{实际值 - 最小值}{最大值 - 最小值}$（$i = 1, 2, 3$），$X_i =$（收入指数，教育指数，寿命指数）。HDI 值计算公式为：$HDI = \dfrac{1}{3}$（收入指数 + 教育指数 + 寿命指数），取值范围是（0 ~ 1）。HDI 值越大，人类发展水平越高；反之，人类发展水平越低。

尽管 HDI 在反映人类生活方面具有一定的合理性，但 HDI 指标缺乏理论基础，权重设置不合理问题比较突出（Luchters & Menkhoff, 2000）。因此，该指数反映人类综合发展的有效性受到质疑，影响了其在学术界的应用。

4. 基于人类需求理论的福利指标

该福利指标基于马斯洛的需求层次理论，从需求的角度研究人性。人类需求按重要性由低级到高级依次是生理需求、安全需求、情感和归属需求、尊重需求、自我实现需求。当多种需求未获得满足时，首先满足的是迫切的需求，其他需求才能显示出激励作用。总之，个人需求的过程就是个人福利获取的过程，人类需求从低层次到高层次逐步获取满足的同时，也会获取较高层次的福利。

虽然需求层次理论符合人类需求发展的一般规律，但学者们对此理论存在质疑。一方面，该理论认为低层次需求得到满足是产生高层次需求的前提，这与现实不相符。现实中，多数人会把自我实现放在首位，生理、安全需要排在后面。另一方面，人格升华、自我价值的实现等需求并非在任何社会都存在，而是受经济发展水平、社会背景等影响。此外，人类需求得到满足的标准和程度难以准确地衡量，降低了该理论的可操作性。

5. 基于可行能力理论的福利评价指标

（1）可行能力方法。

传统福利经济学将物质财富等价于福利，忽视了公平、自由等价值观对幸福的影响，这显然具有较大的片面性。例如，身处贫困的人会优先选择被尊重。福利评价应该是多元化的（王宇和王文玉，2003）。针对此问题，1980年森在《什么是公平》一文中首次提出可行能力的概念。可行能力是个人可实现、可选择的功能组合，而不是实际拥有的产品组合，试图用全面的、综合的评价指标体系判断个体的福利状况。其核心在于人们根据自身的能力采取有价值的行动、实现生命中有价值的状态。可行能力包括功能和能力两方面的内容。其中，功能是指功能性活动，反映了个体生活中所处的状态，如舒适的居住环境、健康的身体和心理等。能力则是实现"功能性活动"的能力，反映了个体在生活中所拥有的机会和自由。例如，工作能力强的个体拥有更多的机会选择满意的工作。

正如森在《以自由看待发展》一书中所述，商品本身不能影响人们的福利水平，而是它所带来的机会和活动。这些机会和活动建立在能力之上，商品消费、享受服务等只是为了提供这一特征，这些特征可以产生"功能"或"能力"，进而产生福利，福利是多种"功能"或"能力"的集合。对福利的衡量也是通过衡量这些功能性活动来实现（胡道玖，2006）。

虽然可行能力理论给出了政治自由、经济条件、社会机会、透明性保证和防护性保障五种工具性自由，也有学者进行了相关尝试（Tommaso et al.，2009），但将该方法直接用于实证研究存在较多问题。在可行能力理论中，福利是人们在多维生活领域中的生活状态，也是人们在生活中获得有价值生活的能力。评价福利不仅要考虑已实现的"功能",而且要把具有潜在功能的"能力"纳入评价指标体系(杨爱婷和宋德勇,2012)。

(2)可行能力的实证测度方法。

尽管森给出了一些重要功能性活动的例子,认为重要的功能性活动需要公众参与讨论来获得(Sen,1993;Sen,2004),却没有翔实地说明如何应用该方法度量福利,也未给出明确的清单。但是,森对努斯鲍姆(Nussbaum,2003)提出的关于人的生活、健康状况、身体的完整性、感官和想象、情绪、理性、社会关系、环境等指标表示认可。仔细分析可以发现,可行能力分析框架应当包含两方面:一是目标人群的生活可以拥有多维福利;二是目标人群可以得到某种生活集的能力。因此,根据可行能力选取福利指标时,应以人的精神和物质需求为基础,根据研究方向选取福利指标体系。由于可行能力方法可以较好地衡量福利水平,在经济、社会、法律、政治等领域得到广泛应用(Alkire & Black,1997;Clark,2003;Nussbaum,1995;Nussbaum,2000;Robeyns,2003)。托马索(Tommaso,2006)基于印度儿童生活的现实,利用可行能力方法从生存、健康、身体完整、思考、休闲、情感、社交等方面选取指标体系,研究了印度儿童的福利情况。阿姆拉马朱德(Amlan Majumder,2006)从营养、健康、生育、住房等方面构建可行能力指标研究了印度妇女的福利水平。聂鑫(2011)利用可行能力分析方法,研究指出健康状况、居住、社会参与支持、工作及补偿的公平性是影响失地农民福利状况的重要因素。其中,补偿的公平性对福利的影响最大,其次是工作,居住排在第三位,健康和社会参与支持对福利影响较小。郭玲霞(2012)根据森的可行能力理论从家庭社保、家庭经济、居住环境、闲暇与健康、住房质量和就业机遇测量农户的福利水平,运用计量经济模型实证分析了失地农民家庭福利的变化。雷志刚和沈彦(2015)从家庭经济、居住环境、教育环境、发展机遇、社会保障、家庭健康和社会交往七个方面构建了失地农户的福利评价指标体系,分析了农户失地前后的福利变化情况。国内蒋和胜等(2016)从家庭经济、居住条件、居住环境、社会保障、社区活动、社会资源等六个方面构建了农户福利指标体系，评价了成都市不同经济发展水平的农民集中居住前后的福利变化情况。

二、福利指标体系的综合评价与方法选取

相对于单纯使用 GDP 衡量福利，国民净经济福利指标和可持续经济福利指标更全面、真实地反映了福利情况。它不仅考虑了难以计量的非市场因素，而且将生态环境等可持续发展因素纳入分析框架。但是，正因为多数指标无法计量，导致该指标在衡量福利水平时遇到较大困难。此外，这两个指标侧重于衡量一个国家或地区的福利变化情况，属于宏观福利评价指标，难以反映家庭的福利水平。与之不同的是，人类发展指数充分考虑了可行能力理论，与个体福利指标具有较多的相似处，认为应该把"人"放在首位，从收入、教育、安全、健康、社会生活等方面综合评价福利，对本书研究渔户家庭福利具有重要的参考价值。

对于渔户来说，转产转业实际是资源的重新配置过程，渔户家庭的异质性会导致资源配置效率的不同，进而对渔户家庭的影响存在差异。渔户转产转业后，不仅收入发生变化，生活（如饮食、住房、教育等）也会受到影响。鉴于可行能力方法不仅考察了个体最基本的功能性活动，如吃、医疗、行等，而且包括更高级的功能性活动，如社交、信誉等，比较符合渔户转产转业前后家庭功能性活动的变化。鉴于此，本书基于可行能力方法，结合渔户的自身特征、所处环境等特殊性构建渔户家庭福利指标体系。

三、渔户家庭福利指标体系构建

从本书第五章第一节第一部分可知，大部分文献根据研究目标和研究对象的特殊性以及人的基本生活建立福利指标体系，包含了物质方面和非物质方面的福利。本书的研究对象是涉海渔户，研究目的是分析转

产转业对渔户家庭福利的影响，在选取指标时需要充分考虑涉海、转产转业、渔户等特殊性。一方面，尽管与渔户家庭福利相关的指标是多方面的，但是指标选取过多容易导致变量间的强相关性，即使通过数据处理也难以消除因相关性造成的偏差。因此，在选取渔户家庭福利指标时，有必要考虑指标间的相关性，减少因相关性导致的偏差。另一方面，鉴于数据的可得性与真实性，本书选取具有代表性的指标作为渔户家庭福利的代理变量。下文将详细说明涉海渔户家庭福利指标的选取。

1. 家庭收入

GDP 是衡量一个国家和地区福利水平的重要变量。对于微观农户家庭而言，收入亦可以反映家庭的福利水平（李雅宁，2014）。旧福利经济学将福利看作物质（Pigou，1912）。可行能力理论将收入作为提高人们的生活质量的重要标准。在国内，部分学者虽然认为收入代替福利具有一定的局限性，但认可收入是家庭乃至个人福利的重要组成部分的观点，对于低收入人群尤为重要。当前，我国渔民人均收入低已是不争的事实，收入仍然是提高渔民生活质量的关键因素。收入的高低一定程度上反映了渔户家庭经济资源的数量，反映了家庭在遇到紧急情况后是否感觉安全的主观感受及家庭成员生活的舒适度。因此，收入可以作为渔户家庭功能性活动指标之一。

2. 就业

就业是人们改善自身生活的基本途径。就业除获得收入外，还涉及工作安全、工作内容和工作时间等。1999 年，国际劳动组织（ILO）提出"体面劳动"的含义，即在自由、平等、安全及被尊重基础上，拥有体面且具有生产性与可持续性的工作，包括就业数量和就业质量。就业质量包括就业安全指数、劳动者本身的特征、劳动者与工作岗位的匹配情况、对工作的个人评价等。通常，低技能劳动者在就业质量方面处于劣势地位（Stier，2015）。高质量的就业意味着劳动者不仅获得工资报酬，而且感受到自我价值实现的满足。就业质量直接关系到家庭生活的质量（刘继同，2002），是衡量家庭福利的重要标准。因此，就业可以作为衡量家庭福利的功能性活动指标之一。

3. 健康

健康是人类的基本权利，是具有重要内在价值的人类可行能力。莫里斯提出的"物质生活质量指数"与 1990 年联合国开发计划署编制的"人类发展指数"均显示健康是个人福利的重要组成部分。健康主要从以下方式影响家庭福利：一是短期的直接影响，体现在患病者劳动能力的丧失及其他家庭成员因看护而导致劳动时间的减少和其他机会成本的损失，短期内直接影响整个家庭的福利水平；二是长期的间接影响，家庭在健康方面的费用支出会挤占其在其他方面的支出，影响到家庭居住条件的改善、消费水平、子女的教育投资等，进而降低家庭的整体福利水平。此外，非健康状态不仅会增加劳动负效用，而且会导致失业（谢垩，2011；Hagan et al.，2009）。从可行能力的视角来看，健康风险剥夺可行能力，降低家庭的整体福利水平。对渔民而言，不管是外出务工还是在家务农，健康的体魄是提高渔户家庭福利水平的关键因素。因此，家庭成员的健康可以作为衡量渔户家庭福利的功能性活动指标之一。

4. 医疗

医疗服务是人类生存与发展的必需品，可以给消费者带来精神和货币双重收益。现实生活中，医疗需求不足会直接降低居民的健康产出，导致家庭收入能力相对掠夺，出现"因病致贫"。相反，有效的医疗需求可以改善弱势群体的健康状态（Sen，2002）。医疗保障作为一种消费补偿机制，一方面，通过降低实际支付价格，促使消费者更多地消费医疗服务，提高健康的有效产出，产生"健康效应"；另一方面，医疗消费成本的降低能够提高消费者其他方面的购买力支出，提高消费者的总效应，带来"收入效应"。可以看出，健康效应可以有效改善医疗服务有效需求不足的状况，收入效应则能够减轻个体在遭受医疗风险时的支出负担，两种效应共同作用于家庭的总效应，影响家庭福利水平。因此，医疗可以作为衡量渔户家庭福利的功能性活动指标之一。

5. 食物消费

食物消费在家庭消费中占有不可替代的作用，食物消费是否合理直接关系到居民的身体健康。目前，我国城乡居民的食物消费数量已基本满足需求，但膳食结构和营养结构仍然处于较低水平，特别是农村居民在动物性食物及优质蛋白质的摄入量上明显偏低。合理的食物消费，通过补充人体营养，改善健康水平，影响家庭医疗支出、家庭收入等，进而影响家庭的福利水平（Bliss & Stern，1978；Strauss，1986；Strauss & Thomas，1998）。由食物消费导致的营养状况是功能性活动之一，是影响人类福利的重要组成部分。因此，食物消费可以作为衡量渔户家庭福利的功能性活动指标之一。

6. 教育

资源替代理论将教育看作社会资源，它可以显著提升个体的健康水平。一方面，受教育程度与个体的社会地位存在正相关关系（Irving，1969）。教育通过"马太效应"促使人进步，即拥有较多社会资源的个体从教育中获益更多，其结果是"强者愈强，弱者愈弱"。另一方面，个体在教育中可以获取综合性的超越生产性能力的习惯、技能和资源等（John Mirowsky，1998），不仅有利于提高人们的收入水平，而且在更广泛的层面上提升解决实际问题的能力，改善人们的生活状态，影响家庭福利水平。此外，受教育水平较高的个体由于具有合理配置资源的能力，从而获取更好的生活。因此，教育是减少贫困的有效方式，是影响家庭福利的重要因素。本书将教育作为衡量渔户家庭福利的功能性活动之一。

7. 住房条件

住房的基本功能是抵御外部的恶劣环境及面临的人身危险，具有健康保障的作用。《世界人权宣言》明确规定，住房是维持个体身体健康和福利所需的基本要求（戚瑞双，2018）。在我国，居住涉及到住宅权，是一种宪法权利。随着社会的发展，人们对住房的需求不再是基本的安全，而是追求舒适、健康且不受歧视的住房，是人类生存不可或缺的重要物质条件。在现代社会，居住条件在一定程度上是人们身份的象征，对人的心理及生理具有重要影响，是家庭福利不可缺少的重要组成部分（Bratt，2002）。因此，本书将住房条件作为衡量渔户家庭福利的功能性活动之一。

8. 居住环境

居住环境是满足人们生活、休憩、出行等活动的空间场所，包括公共基础设施、安全、生态、绿化、人际关系、所处地段等，是衡量人们生活质量的重要标准。世界卫生组织也提出了安全、健康、便利、舒适四大居住环境基本理念。多数学者普遍认同居住环境应当包括以下内容：一是居住区域的自然景观特征；二是人与人之间的社会关系；三是居住区的位置。良好的居住环境有利于家庭成员的身心健康，对于提高家庭福利具有重要的作用（龚群，2008）。因此，居住环境是渔户家庭功能性活动指标之一。

第二节　涉海渔户家庭福利实证测度

一、福利测度方法的选取

关于福利的测度方法，学术界逐渐从理论研究层面转向实证测度层面。基于可行能力理论，学者们纷纷采用不同的计量方法研究各领域中的福利问题。Maasoumi & Slottje（2001）采用 ARIMA 模型测算了 1915～1995 年美国居民多维福利的影响因素。高进云等（2007）基于可行能力框架构建农民福利的功能性指标，采用模糊综合评价法测算了农地流转前后农户的福利变化。苗珊珊（2016）采用农户微观数据，运用技术变动福利效应模型测度了技术进步过程中农户福利的变动情况。吴士炜和王小勤（2016）运用主成分分析法测度了中国社会福利指数。通过对关于福利测度方法文献的梳理发现，主成分分析法、因子分析法、模糊数学分析法、回归分析法等是目前福利测度的常用方法，四种测度方法的优缺点见表 5-2。

表 5 - 2　　　　　　　　　　不同福利测度方法的优缺点

测度方法	优点	缺点
主成分分析法	最大限度保持信息不丢失，将原始福利的多个变量变为少数几个综合变量；通过数学公式测算福利，更具有客观性和科学性；信息量权数有助于提升综合评价的区分效度；该方法可以解释所有的变异部分	当福利的主成分因子负荷符号出现正负时，容易模糊福利综合评价变量的意义
因子分析法	根据原始观测变量信息进行重新组合，计算出福利大小的共同因子，将复杂的观察数据简单化；通过旋转使得福利变量具有可解释性	假设福利因子之间存在线性关系，并依据线性关系进行计算，运用 LSM 计算福利得分时，因子分析可能无效
模糊数学分析法	根据模糊数学的隶属度理论把定性评价转化为定量评价，用模糊数学对受到多种因素制约的事物或对象做出总体评价。该方法具有结果清晰、系统性强的特点，能较好地解决模糊的、难以量化的问题	该方法计算复杂，对指标权重矢量的确定主观性较强；当指标集个数较大时，在权矢量和为1的约束条件下，相对隶属度系数偏小，权矢量与模糊矩阵不匹配，出现超模糊现象，分辨率较差，难以区分谁的隶属度更高，甚至造成评判失败
回归分析法	该方法用一条直线模拟观测点数据表现出的相关关系，使福利的目标变量值与福利的实际观测值之间的误差尽可能小	该方法对于缺失的数据值，只能通过数据加工和信息转换才能处理；以线性分布和正态分布为前提，导致数据分析呈线性关系，难以反映非线性关系和变量间的互动关系；受样本极值影响较大

通过对比主成分分析法、因子分析法、模糊综合评价法、回归分析法等测度福利水平的优缺点，结合本书研究对象及数据特点，最终选取主成分分析法用于测度涉海渔户家庭福利。

二、主成分分析法基本模型

1901 年，英国统计学家 Karl Pearson 首次提出主成分（principal components）的概念。1933 年，Hotelling 将其扩展到随机向量，发展为一种多元统计分析方法，称为主成分分析方法（principal components analysis，PCA）。该方法的基本原理是利用"降维"的思想，从原始指标中导出几个主要成分，使各指标变量互不相关，实现用少数几个变量解释原始变量大部分信息的目的。在实际分析过程中，为了全面、系统地反映某一研究对象的真实情况，需要尽可能多地考虑与研究相关的因素。尽管这些因素反映了研究对象的某些特征，但各因素间存在的相关性导致不同因素在统计上存在重复性，一定程度上增加了统计分析的复杂性。显然，这与经济学研究中的简约性原则"用少量变量获取丰富的信息，分析复杂问题"不符，而主成分分析方法恰好与此一致，是用少数变量解决复杂问题的理想工具。

1. KMO 和 Bartlett 检验

主成分分析方法通过"降维"的方式将复杂的问题简单化。具体到不同的问题，主成分分析的效果可能存在差异。在主成分分析前，有必要进行可行性检验，可行性检验方法有 KMO 检验和 Bartlett 检验。

KMO 值用来检验变量间的简单相关系数平方和与偏相关系数平方和之间的关系，取值范围是（0 ~ 1）。KMO 值越接近 1，表示原始变量越适合做主成分分析；反之，表示原始变量越不适合作主成分分析。

Bartlett 值用来检验变量的相关系数矩阵，取值越大，表示原始变量之间的相关性越强。在主成分分析中，Bartlett 检验的 P 值应小于等于 0.05。

2. 样本数据标准化处理

样本数据的标准化处理是消除各指标间差异的重要环节。以福利指标体系为例，样本数为 k，指标数为 p，原始指标构成的 8 维随机向量可表示为：$X = (X_1, X_2, X_3, \cdots, X_8)^T$，第 k 个渔户的原始指标数据为：$X_{(k)} = (X_{k1}, X_{k2}, \cdots, X_{k8})^T (k = 1, 2, \cdots, n)$，那么数据矩阵为：

$$X = \begin{bmatrix} x_{11} & \cdots & x_{18} \\ \vdots & \ddots & \vdots \\ x_{k1} & \cdots & x_{k8} \end{bmatrix} = \begin{bmatrix} X_{(1)}^T \\ \cdot \\ \cdot \\ \cdot \\ X_{(k)}^T \end{bmatrix} \begin{bmatrix} X_1 \cdots X_j \end{bmatrix} \quad (5-1)$$

式（5-1）中，$X_{(k)}^T$ 表示矩阵的各行，X_j 表示矩阵的各列。记 X^* 为标准化后的数据矩阵，则 X^* 可表示为：

$$X^* = \begin{bmatrix} x_{11}^* & \cdots & x_{18}^* \\ \vdots & \ddots & \vdots \\ x_{k1}^* & \cdots & x_{k8}^* \end{bmatrix} \qquad (5-2)$$

式（5-2）中，$x_{ij}^* = \dfrac{x_{ij} - \overline{x_j}}{s_j}$，$\overline{x_j} = \sum_{i=1}^{8} x_{ij}$，$s_j^2 = var(x_j) = \dfrac{1}{n-1}$ $\sum_{i=1}^{n} (x_{ij} \overline{x_j})^2 (j = 1, 2, \cdots, p)$

3. 求相关系数矩阵 T

$$T = \begin{bmatrix} t_{11} & \cdots & t_{1p} \\ \vdots & \ddots & \vdots \\ t_{p1} & \cdots & t_{pp} \end{bmatrix} \qquad (5-3)$$

式（5-3）中，$t_{ij} = \dfrac{\sum_{k=1}^{n} (x_{ki} - \overline{x_i})(x_{ki} - \overline{x_j})}{\sqrt{\sum_{i=1}^{n} (x_{ki} - \overline{x_i})^2 \sum_{k=1}^{n} (x_{kj} - \overline{x_i})^2}}$ （i = 1, 2, ⋯, p; j = 1, 2, ⋯, p）是原始变量 x_i 和 x_j 的相关系数。

4. 求解与提取主成分

通过求解方程 $|\lambda E - T| = 0$，求出 T 的特征值 $\lambda_i (i = 1, 2, \cdots, n)$，并按照大小进行排序，分别求得对应于特征值 λ_i 的特征向量 $U_j = (u_{1i}, u_{2i}, \cdots, u_{pi}; j = 1, 2, \cdots, p)$。

由于各主成分的方差是递减的，即方差包含的信息量逐渐减少，因此有必要剔除包含信息量少的成分，提取出包含信息量较大的主成分，即提取主成分，尽量解释原始指标的大部分信息。

5. 计算主成分得分及综合指标得分

（1）主成分矩阵。

记主成分为 Y，数量为 m，主成分矩阵见式（5-4）：

$$Y = \begin{bmatrix} y_{11} & \cdots & y_{1m} \\ \vdots & \ddots & \vdots \\ y_{n1} & \cdots & y_{nm} \end{bmatrix} \quad (5-4)$$

记各主成分的得分分别为 F_1, F_2, $\cdots$, F_m，各主成分得分见式 (5-5)：

$$\begin{cases} F_1 = y_{11} = x_{11}^* * u_{1j} + x_{12}^* * u_{2j} + \cdots + x_{1p}^* * u_{pj}(j=1,2,3,\cdots,p) \\ F_2 = y_{22} = x_{21}^* * u_{1j} + x_{22}^* * u_{2j} + \cdots + x_{2p}^* * u_{pj}(j=1,2,3,\cdots,p) \\ \cdots\cdots \\ F_m = y_{mm} = x_{m1}^* * u_{1j} + x_{m2}^* * u_{2j} + \cdots + x_{mp}^* * u_{pj}(j=1,2,3,\cdots,p) \end{cases}$$
$$(5-5)$$

（2）构建综合指标并计算其得分。

以各成分特征值占特征值总和的比重作为权重，构建综合指标并计算得分，其计算见式 (5-6)：

$$F = F_1 * \frac{\lambda_1}{\sum_{i=1}^{m}\lambda_i} + F_2 * \frac{\lambda_2}{\sum_{i=1}^{m}\lambda_i} + \cdots + F_m * \frac{\lambda_m}{\sum_{i=1}^{m}\lambda_i} \quad (5-6)$$

三、渔户家庭福利水平实证测度

1. KMO 和 Bartlett 检验

采用 SPSS 统计软件计算 KMO 值和 Bartlett 值，其要求是 KMO 值大于等于 0.5，Bartlett 检验的 P 值小于 0.05。由表 5-3 可知，KMO 值为 0.877，Bartlett 值的 P 值为 0.000，通过显著性检验，拒绝零假设，表明本书数据适合用 PCA 进行综合评价。

表 5-3　　　　　　　　　　KMO 和 Bartlett 的检验

取样足够度的 Kaiser - Meyer - Olkin 度量		0.877
Bartlett 的球形度检验	近似卡方	1436.878
	df	28
	Sig.	0.000

2. 样本数据标准化处理

标准化处理的目的是消除各变量间的变化趋势和量纲的不一致性。通过 SPSS 软件利用描述性统计分析得到标准化数据。各指标标准化值分别用 X_1、X_2、X_3、X_4、X_5、X_6、X_7、X_8 表示，见表 5-4。

表 5-4　　　　　　　　　原始指标的标准化

原始指标	收入	就业	健康	医疗	食物消费	教育	住房条件	住房环境
标准化指标	X_1	X_2	X_3	X_4	X_5	X_6	X_7	X_8

3. 提取主成分

运用 SPSS 软件，对已完成标准化处理的 8 个指标进行主成分分析，去掉无明显分异的变量或存在线性相关关系的变量，以确定最终目标。由表 5-5 可以看出，前 3 项的累计值超过 75%，因此，将前 3 项作为主成分因子，并计算出各因子对于原始指标的载荷情况。表 5-6 是因子对于原始指标的载荷情况。

表 5-5　　　　　　　　　指标特征值和贡献率

主成分	初始特征值		
	特征值	贡献率（%）	累积率（%）
1	4.473	55.914	55.914
2	1.026	12.823	68.737
3	0.704	8.804	77.540
4	0.529	6.618	84.159
5	0.375	4.682	88.841
6	0.325	4.066	92.906
7	0.290	3.625	96.531
8	0.278	3.469	100.000

表 5 - 6　　　　　　　　　因子对于原始指标的载荷情况

指标	1	2	3
收入	0.665	-0.597	0.167
就业	0.766	-0.394	0.202
健康	0.586	0.463	0.604
医疗	0.776	0.248	-0.071
食物消费	0.814	-0.077	0.087
教育	0.819	0.307	-0.133
住房条件	0.765	-0.230	-0.319
居住环境	0.760	0.292	-0.372

4. 基于主成分分析法的综合指标数学模型

（1）计算各综合指标的成分得分。

将各成分的系数向量分别命名为 A_1、A_2、A_3，旋转后的特征向量命名为 B_1、B_2、B_3，用标准变量乘以各成分的特征向量，计算各主成分的得分。计算过程见式（5 - 7）。

$$\begin{cases} F_{a1} = 0.665 * X_1 + 0.766 * X_2 + 0.586 * X_3 + 0.776 * X_4 + \\ \qquad 0.814 * X_5 + 0.819 * X_6 + 0.765 * X_7 + 0.760 * X_8 \\ F_{a2} = (-0.597) * X_1 + (-0.394) * X_2 + 0.463 * X_3 + 0.248 * \\ \qquad X_4 + (-0.077) * X_5 + 0.307 * X_6 + (-0.230) * X_7 + 0.292 * X_8 \\ F_{a3} = 0.167 * X_1 + 0.202 * X_2 + 0.604 * X_3 + (-0.071) * X_4 + \\ \qquad 0.087 * X_5 + (-0.133) * X_6 + (-0.319) * X_7 + (-0.372) * X_8 \end{cases}$$

$$(5 - 7)$$

（2）综合指标得分模型的确立。

以各主成分特征值占特征值总和的比重为权重，计算得综合指标的综合总得分，记 Welfare。综合指标总得分模型见式（5 - 8）。

$$Welfare = F_{a1} * 0.721 + F_{a2} * 0.165 + F_{a3} * 0.114 \qquad (5 - 8)$$

5. 评价结果与讨论

本书计算提取 3 个主成分后得出 356 个渔户家庭的综合得分。有些渔户家庭的得分为负值，需要指出的是，这并不代表这些渔户家庭的福利为负，文中正负仅代表该渔户家庭的福利水平与所研究区域平均水平的相对关系，若综合得分为正，表明该主成分在平均发展水平之上，且得分越高，说明渔户福利水平越高；反之，表明该主成分在平均发展水平之下，得分越低，说明渔户福利水平越低；零点代表福利水平处于所有样本福利水平的平均位置上。

本书分别测算了已转渔户和未转渔户家庭平均福利水平。从表5－7可以看出，已转渔户的福利水平得分为正（0.1425），表明已转渔户家庭平均福利水平在样本平均福利水平之上，福利水平较高；未转渔户平均福利水平为负（－0.5718），表明未转渔户家庭平均福利水平在样本平均福利水平之下，福利水平较低，已转渔户平均福利水平明显高于未转渔户平均福利水平。

表5－7　　　　　　　　已转渔户和未转渔户家庭平均福利水平

类型	F1	F2	F3	F
已转渔户	0.1229	0.0227	－ 0.0038	0.1425
未转渔户	－ 0.4942	－ 0.0913	0.0130	－ 0.5718

为对比不同地区渔户家庭福利水平，本书计算了各地区已转渔户和未转渔户家庭平均福利水平（见表5－8）。由表5－8可以看出，在已转渔户中，威海市渔户家庭平均福利水平为1.0038，位居第一位；青岛市渔户家庭平均福利水平为0.3050，紧跟其后；烟台、日照、潍坊渔户家庭平均福利水平分别为－1.0985、－1.9985和－2.7400，位居后三位。这表明威海和青岛已转渔户家庭平均福利水平均高于样本渔户家庭平均福利水平，特别是威海渔户家庭平均福利水平最高；烟台、日照和潍坊渔户家庭平均福利水平均低于样本渔户家庭平均福利水平，且潍坊渔户家庭平均福利水平低于样本渔户平均福利水平最多，这表明烟台、日照和潍坊部分渔户虽然已完成转产转业，但效果较差，渔户家庭

福利水平没有得到明显提升。

表 5 - 8　　　　不同地区已转渔户和未转渔户平均福利水平比较

地区	类型	f1	f2	f3	f
威海	已转	1.2637	- 0.0007	- 0.2597	1.0038
	未转	0.2471	0.0286	- 0.3657	- 0.0871
青岛	已转	0.1274	0.2221	- 0.0451	0.3050
	未转	- 0.1375	0.1815	- 0.0852	- 0.0400
烟台	已转	- 1.0915	- 0.4712	0.4635	- 1.0985
	未转	- 2.0325	- 0.1975	0.0950	- 2.1375
日照	已转	- 1.9915	- 0.5712	0.3635	- 1.9985
	未转	- 1.0325	- 0.2975	0.3950	- 2.0075
潍坊	已转	- 2.4775	- 0.3425	0.0800	- 2.7400
	未转	- 1.8408	- 1.2167	0.5992	- 2.4600

第三节　小　　结

　　本章结合可行能力理论和具体研究对象，选取家庭收入、就业、健康、医疗、食物消费、教育、住房条件和居住环境 8 个指标构建涉海渔户家庭福利指标体系。在对比分析不同福利测度方法优缺点的基础上，最终采用主成分分析法实证测度渔户家庭福利水平。描述性统计结果显示，已转渔户家庭福利水平高于未转渔户家庭福利水平。从不同市域来看，威海市已转渔户家庭平均福利水平最高，青岛市紧随其后，烟台、日照、潍坊分别位居第三、第四、第五位。与山东省渔户家庭平均福利水平相比，威海和青岛已转渔户家庭平均福利水平均高于山东平均水平，烟台、日照和潍坊渔户平均福利水平均低于山东平均水平，潍坊渔户平均福利水平低于山东平均水平最多，表明烟台、日照和潍坊部分渔户虽已完成转产转业，但渔户家庭福利水平没有得到明显提升。

第六章

涉海渔户转产转业的福利效应分析

第五章测度了涉海渔户家庭福利指数，在此基础上，本章采用倾向得分匹配法（PSM）构建"反事实"分析框架实证分析渔户转产转业的福利效应，解决渔户转产转业过程中可能存在的自选择问题，回答论文研究思路中"怎么样"的问题。基本思路是，在未转产转业渔户家庭中，为每个转产转业渔户构造一个或多个未转产转业渔户与其相匹配，保证两类渔户除是否转产转业以外的其他特征均相似，因此两类样本的福利水平差可以看作是转产转业的结果。本章的研究内容：一是分析转产转业对渔户家庭福利的影响机理；二是基于微观调研数据实证检验转产转业对渔户家庭福利的影响；三是进一步分析转产转业对渔户家庭不同维度福利的影响。

第一节 理 论 分 析

转产转业是渔户重新配置家庭生产要素的一种方式，主要通过收入效应、就业效应、健康效应、人力资本提升、住宅和居住环境改善等方面影响渔户家庭福利。转产转业对渔户家庭福利的影响可以用简单的函数表示为：

$$\text{Welfare} = f(\text{MT}) \tag{6-1}$$

式（6-1）中，Welfare 表示渔户家庭福利，MT 表示转产转业对渔户家庭福利的作用机制（mechanism of Transfer），具体包括收入效应、就业效应、消费支出结构、人力资本提升、居住环境改善等。转产转业对渔户家庭福利的影响机制见图 6-1。

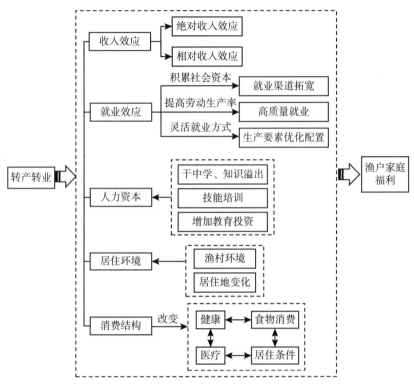

图 6-1 转产转业影响渔户家庭福利的作用机制

1. 收入效应

渔户家庭收入发生变化是转产转业的最直接表现，尤其是收入的非农化与多元化会拉大家庭之间的收入差距（邹薇和张芬，2006）。在我国渔村社会保障体系尚不健全的背景下，改善经济条件是提升渔户家庭福利的主要途径。这种收入效应主要包括绝对收入和相对收入两方面。其一，绝对收入效应。依据渔民转产转业的相关政策规定，渔户退出捕捞业可直接获得货币补偿和非货币补偿。其中，货币补偿是指政府给予渔户的一次性资金补偿。根据绝对收入理论，一次性资金补偿是渔户家庭的额外收入，直接增加了家庭总收入。非货币补偿包括为渔民安排就业岗位、渔户入股分红、为渔民缴纳养老保险等，其目的是实现渔户家庭收入的可持续性。根据生命周期消费理论，非货币补偿有助于渔户家庭实现整个生命周期消费的最优化。渔户通过货币补偿和非货币补偿，优化家庭消费结构，提升家庭生活质量，最终影响渔户家庭福利水平。有学者发现，农民收入每增长 10%，家庭成员的健康状况改善 1%，家庭福利提高 2%（Chin，1998）。其二，相对收入效应。根据 Easterlin（1974）"幸福悖论"理论，人们在评价自己的幸福程度时，并非直接通过评价自己的绝对收入，而是通过与社会属性相近的参照人群进行比较决定。当自己处于劣势地位时，个体会产生一种被参照群体剥夺而处于相对贫困的负面情绪，这种相对剥夺感会对家庭福利产生负面影响。因此，即便渔户家庭绝对收入水平并未因转产转业补偿而发生明显变化，但转产转业补偿"从无到有"的转变意义重大。转产转业补偿仍然会改善渔户家庭的收入分配，缓解相对收入贫困，从而增强家庭成员的安全感和获得感。

2. 就业效应

退捕上岸通过渔户的非农就业行为，实现家庭劳动力资源的重新配置，从而影响家庭福利。在近海渔业资源严重匮乏的情况下，有限的渔业资源承载过剩的渔业劳动力，导致劳动力资源配置效率低下。作为理性经济人，渔户的目标是合理利用家庭资源，实现家庭福利最大化（孙顶强，2016）。迫于生计，失去捕捞业的渔户更急于再就业，因此，退捕上岸对渔户家庭劳动力资源的配置效应影响最为显著。一方面，退出捕捞业的渔户为拓宽就业渠道，积极参与各类社交活动，而这有助于渔民快速提升自身的社会资本。进一步地，渔民通过自身积累的社会资本进行信息分享、资源分享等方式，提高渔民的就业概率；另一方面，退捕上岸打破了渔户家庭原有的"以捕捞为主、禁锢于海"的传统思想观念，提高了渔民的工作搜寻能力，促使渔民在非渔部门进行就业，影响渔民的就业概率。此外，渔民在再就业过程中，通过建立新的人际关系网，积累更多的社会资源，有助于渔户获得更多的支持与关怀（石冠峰，2016；Gardner，2004），反过来提升了劳动者的自主性和成就感（Liao et al.，2009），凸显了渔民自身的能力和价值。

3. 消费结构

渔户通过优化消费结构，实现产品或服务的效用转换，进而增加家庭福利。随着收入增加，渔户家庭基本物质需求得到满足后，边际消费倾向不断降低，此时理性的渔户会通过优化食物消费结构、改善医疗服务等提高家庭成员的生活质量。其中，医疗成本的降低，不仅有助于提高渔户对高质量医疗服务的可及性，降低家庭的医疗风险；也有助于渔户将用于健康风险的支出转化为其他消费，最终改善家庭福利状况（郭云南和王春飞，2016）。此外，根据时间分配理论（Bevker，1965），个体的效用由消费、闲暇、个人特征与家庭特征等形成的偏好决定，通过货币收入购买商品和劳务，节约生产和劳动时间，有助于渔户降低因劳动强度大而带来的健康隐患。

渔村惯习是影响渔民消费结构的软约束因素，主要体现在渔村文化与消费心态等方面，它通过对渔民消费逻辑与消费决策的影响，使渔民消费结构转型呈现一定的路径依赖。随着越来越多的渔户退捕上岸，市场机制逐渐侵入渔村，渔村传统习惯被弱化并逐步与之融合。特别是，现代生活要素会逐渐替代家庭原有的生活要素，有利于更新渔户家庭的生活设施，提高生活品质。消费心态是影响渔民消费结构变化的一种物化人格，根据预防性储蓄理论，社会保障制度能够降低年老、伤病等未来不确定因素而导致的预防性储蓄，社会保障环境通过削弱渔民的储蓄动机，促使渔民消费结构从预防型消费向即期型消费升级。在退捕上岸过程中，人口流动加强了城乡之间商品信息、消费文化的沟通和联系，由此带来渔民消费观念从自给自足的保守观念转变成商品性消费的开放观念。

4. 提升人力资本

渔民退捕上岸本身是一个"干中学"的过程。人力资本可通过学习和经验获得（Jeffry，1989）。一方面，劳动者在非农就业过程中通过"干中学"或"知识溢出"效应，积累更多的人力资本，获得相应的报酬，是一种非规范化的人力资本投资活动（卢卡斯，1988）；另一方面，社区为推动渔户退捕上岸而组织的技能培训和受雇企业开展的职业技能培训，有助于提高渔民劳动技能。同时，退捕上岸带来的收入效应会间接影响渔户家庭对子女及自身教育的投入，提升家庭整体受教育水平。

5. 改变居住环境

居住环境包括自然要素与人文要素，是人们日常的活动空间。良好的社区设计、基础设施建设、有效的社区管理与可持续的生态环境均会影响居民的幸福感（徐延辉和刘彦，2020）。干净而温暖的居住环境可以降低人们患病的风险，而处于社会底层的低收入群体只能负担起不健康的饮食和冰冷潮湿的住房，生活在嘈杂污染的环境中，导致其患病甚至死亡的概率明显增加（梅尔·巴特利，2009）。渔户从捕捞业转到其他行业，家庭居住环境会有不同程度的改变。对于转到养殖业的渔户来说，家庭居住环境因养殖区域的改变而发生变化，尤其是养殖渔具的堆放不利于渔村环境的美化，降低空气质量，不利于渔户居住环境的改善；对于转到渔业第三产业的渔户家庭来说，以渔家乐为例，渔家乐是向现代都市人提供回归自然、了解渔家风俗的休闲旅游方式，对环境、基础设施等要求较高，渔户从事渔家乐有助于改善家庭居住环境；对于在城镇就业的渔户来说，完善的交通基础设施提高了渔户出行便利度，整洁的卫生环境改善了居住环境。

第二节　转产转业决策的反事实研究框架

一、渔户转产转业决策

根据随机效用决策模型（Becerril & Abdulai，2010；Ail & Abdulai，2010），渔户转产转业后的效用（U_1）与未转产转业的效用（U_0）之差

用 T^* 表示，若 $T^* = U_1 - U_0 > 0$，则渔户会做出转产转业的决策。尽管效用差 T^* 难以准确观测，但仍可以用可观测变量的函数表示。定义渔户转产转业决策方程为：

$$T^* = g(X) + u, \quad T = \begin{cases} 1, & T^* > 0 \\ 0, & T^* < 0 \end{cases} \qquad (6-2)$$

式（6-2）中，T 为 0-1 两值变量，0 和 1 分别表示未转产转业和转产转业，即如果渔户选择转产转业（$T^* > 0$），则 $T = 1$，反之，$T = 0$；X 为影响渔户转产转业的外生解释变量向量，$g(X)$ 是外生解释变量对转产转业的影响函数；u 为随机扰动项。

为分析转产转业对渔户家庭福利的影响，本书将渔户家庭福利方程定义为：

$$Y = f(Z) + \delta T + \varepsilon \qquad (6-3)$$

式（6-3）中，Y 表示渔户的家庭福利；Z 为控制变量向量，$f(Z)$ 是控制变量对渔户家庭福利影响的函数，T 表示渔户是否转产转业的 0-1 变量，ε 为扰动项。当渔户被随机分配到转产转业组或未转产转业组时，参数 δ 用来度量转产转业的净福利效应。

渔户是否转产转业是一种随机的"自选择"行为。转产转业决策（T）受其他不可观测因素（如自身技能、吃苦精神）影响，这些不可观测因素与变量（Y）存在相关关系，导致式（6-3）中 ε 与 T 相关，若直接进行回归分析，可能存在选择性偏误。鉴于此，本书采用倾向得分匹配法（Propensity Sore Matching，简称 PSM）构造反事实分析框架，纠正选择性偏误。

1983 年，罗森鲍姆和鲁宾（Rosenbaum and Rubin）首次提出倾向得分的概念，认为倾向得分是个体在控制可观测的"混淆"变量后，受某些变量影响的条件概率，通过控制倾向得分排除"混淆"变量的影响，获取变量之间的净效应。该方法的优点是不需要事先假定函数形式、参数约束及误差项分布，不需要解释变量（Z）外生以识别因果效应，基于反事实分析框架，实现对多个混淆变量的控制，从而有效降低使用调研数据进行估计时产生的偏倚程度。该方法已在管理学、经济学等领域被广泛应用。华春林等（2013）采用倾向得分匹配法，研究了陕西省测土配方施肥及中英项目对农户化肥投入量的影响，发现农业教育培训对农户的化肥投入量具有显著的正向影响，特别是小范围农业教育培训对农户的影响更明显。玛瑞皮亚（Mariapia，2007）和凯西等（Kassie et al.，2011）采用倾向得分匹配法解决变量的自选择问题，测算了农户采用新技术生产的福利效应。吴要武（2015）运用倾向得分匹配法，基于劳动力成本视角估算了产业转移的潜在收益。还有学者将倾向得分匹配法用于研究土地流转对农户家庭福利的影响（冒佩华等，2015；崔宝玉等，2016），上述研究为本书分析渔户转产转业的福利效应提供有益借鉴。但是，赫克曼等（Heckman et al.，2004）指出倾向得分匹配法是基于可观测解释变量，对不可观测变量没有直接影响，如果可观测变量设定有误，那么不可观测变量会导致倾向得分的有偏估计和错误的样本匹配。由于 Heckman 两阶段或工具变量法存在弱工具变量问题，因此倾向得分匹配法在横截面数据分析中更有效。

二、构建反事实分析框架

根据罗森鲍姆和鲁宾（Rosenbaum and Rubin，1983）定义的反事实分析框架，本书定义干预组（转产转业组）的平均处理效应（average treatment effect of the treated，简称 ATT）为：

$$ATT = E(Y_1 | T = 1) - E(Y_0 | T = 1) = E(Y_1 - Y_0 | T = 1) \quad (6-4)$$

式（6-4）中，Y_1 为转产转业渔户家庭福利水平，Y_0 为未转产转业渔户家庭福利水平。为剔除其他干扰因素，ATT 将研究样本限定为转产转业渔户（$T=1$），测算渔户在转产转业和未转产转业条件下的福利差，即净福利。评价一项政策的效果取决于对被分配到干预组的个体效果，而不是对所有个体的效果（Winship & Morgan，1999）。式（6-4）中，$E(Y_1 | T = 1)$ 的结果是可观测的，$E(Y_0 | T = 1)$ 的结果不可观测，这被称为"反事实"框架。尽管 $E(Y_0 | T = 1)$ 的结果不可观测，但仍然可以利用 PSM 构造 $E(Y_0 | T = 1)$ 的替代指标。

利用 PSM 处理渔户"自选择"问题的思路是，挑选一个或几个未转产转业渔户与转产转业渔户进行匹配，保证两种样本渔户除了在是否转产转业方面不同外，其他特征尽可能相似，匹配成功的未转产转业渔户是今后有可能接受"处理"的样本。新构造的未转产转业渔户集合被称为转产转业渔户的对照组。其实现过程如下：第一，在确定解释变量的条件下，估计渔户转产转业的决策方程，计算渔户转产转业的条件概率 $p_i = P(T_i = 1 | X_i)$，即倾向得分。第二，为每个转产转业渔户匹配倾向得分近似的未转产转业渔户，构成对照组。匹配过程是否有效性取决于以下两个假设：一是给定倾向得分和解释变量 X，使得福利变量 Y 与 T 相互对立，即条件独立性；二是给定解释变量，有 $0 < p_i < 1$ 成立，即共同支撑域条件。共同支撑域条件通过剔除倾向得分分布的尾部，提高匹配质量，且非参数方法只有建立在共同支撑域上才有意义（Rosenbaum & Rubin，1985）。

选择合适的协变量是进行匹配的关键，在理想状态下，协变量必须同时影响结果变量（福利指数、家庭人均纯收入）和处理变量（转产转业）。然而，在倾向得分估计中只要不遗漏重要的解释变量，即使包括少量不相关变量，估计结果仍然不会有偏，加入某些重要而不可观测的控制变量可能会改进估计结果。

鉴于 PSM 可以采用多种匹配方法为转产转业渔户进行匹配，不同方法对偏差和效率的权衡不同，可能导致不同方法的匹配结果略有差异（Caliendo & Kopeinig，2008），但总体上匹配结果具有一致性。因此，本书采用不同的匹配方法为转产转业渔户匹配样本，以检验估计结果的稳健性。

倾向得分是向量 X 所包含信息的综合度量，使用此方法可以有效避免匹配过程中的维度限制。罗森鲍姆（1985）研究发现具有相同倾向值的处理组和对照组个体在可观测解释变量 X 上具有相同的分布。这表明在倾向值同质的匹配集内，尽管处理组和对照组的个体在某个解释变量上的取值存在差异，这种差异也是随机的而非系统的。在匹配完成后，通过平衡性检验以检测两组样本间的解释变量差异是否已消除，如果检验通过，表明匹配对照组是一个合理的反事实。平衡性检验的方法主要有两种：一是计算 Pseudo – R^2 值的大小。若 Pseudo – R^2 值较低，且解释变量的联合显著性检验被拒绝（LR 统计量不显著），那么在匹配后，干预组和对照组之间的解释变量分布没有系统差异（Sianesi，2004）。二是检验标准化偏差。若标准化偏差大于 20，表示匹配失败。

第三节　数据来源与指标描述性统计

一、数据来源

本章数据来源于山东省五个地级市的渔户调研数据，被解释变量来源于第五章基于主成分分析法测算的渔户家庭福利指数，此处不再赘述。

二、指标描述性统计

表 6 – 1 给出了转产转业渔户和未转产转业渔户各类经济指标及其差异的描述性统计。福利指标用渔户家庭福利指数衡量。为保证估计结果的稳健性，本书也使用人均纯收入作为福利的代理变量。渔户转产转业的影响因素从户主特征、家庭特征、村庄特征、外部环境、政策变量五个方面选取。

表 6 – 1　　转产转业渔户和未转产转业渔户经济指标差异的描述性统计

类型	变量名称	转产转业户（A）	非转产转业户（B）	差值（B – A）
福利指标	福利指数	6.1425	5.4281	0.7143 **
	人均收入	2.7404	2.0521	0.6883 ***
	就业	6.8281	5.3380	1.4900 ***
	食物消费	6.9474	5.8873	1.0600 ***

类型	变量名称	转产转业户（A）	非转产转业户（B）	差值（B－A）
福利指标	医疗	6.5053	6.2394	0.2658 *
	教育	6.7193	6.4789	0.2404 *
户主特征	性别	0.9719	0.8732	0.0987 ***
	年龄	50.713	49.0000	1.7193 **
	文化程度	2.1895	2.0141	0.1718 **
	健康状况	3.5649	3.5352	0.0297
	培训	0.6351	0.3802	0.2549 ***
家庭特征	赡养老人	0.6807	0.7042	－0.0235
	城镇买房	0.2315	0.0845	0.1471 **
	耕地	0.5929	0.6197	－0.0268
	互联网	0.9263	0.8732	0.0531 *
	恩格尔系数	0.3597	0.3769	－0.0172
	捕捞时间	14.1053	21.2112	－7.1059 ***
	社会网络	0.9508	0.6478	0.303 ***
村庄特征	交通	5.6315	7.2732	－1.6417 ***
	是否有企业	0.5578	0.1549	0.4029 ***
宏观经济环境	人均GDP	11.8706	11.6177	0.2529 ***
	二、三产业占比	0.9151	0.9505	0.0355
政策变量	转产转业补贴	0.6351	0.4788	0.1562 **

注：*、**、*** 分别表示在 10%、5%、1% 显著性水平上通过检验。

由表 6－1 可以看出，转产转业渔户的福利指数为 6.1425，未转产转业渔户的福利指数为 5.4281，二者的差值为 0.7143，且在 1% 的显著性水平上通过检验，表明转产转业渔户的福利水平明显高于未转产转业渔户。从福利水平的代理指标人均收入方面看，转产转业渔户与未转产转业渔户的差值为 0.6883，在 1% 的统计水平上通过检验，表明转产转业渔户的人均收入水平明显高于未转产转业渔户。具体来看，在就业方面，转产转业渔户与未转产转业渔户的差值为 1.4900，在 1% 的统计水平上通过检验，表明渔户转产转业后具有更高的就业满意度。在食物消费方面，转产转业渔户与未转产转业渔户的差值为 1.0600，在 1% 的统计水平上通过检验，表明转产转业渔户的食物消费水平更高。在医疗卫生方面，转产转业渔户与未转产转业渔户的差值在 10% 的统计水平上通过显著性检验，且为正值，表明转产转业渔户享受到更多的医疗资源。在教育方面，转产转业渔户与未转产转业渔户的差值在 10% 的统计水平上通过检验，且为正值，表明转产转业渔户的教育投入明显高于未转产转业渔户。在控制变量中，除户主健康水平、家庭赡养老人数量、耕地面积、恩格尔系数以及二、三产业占比五个变量的差值均未通过显著性水平检验外，其他特征变量均存在显著差异。由于渔户转产转业存在"自选择"行为，表 6-1 中各指标的统计差异可能不是转产转业行为的结果，而是由其他因素导致。因此，需要建立因果关系重新检验转产转业对渔户家庭福利的影响。

第四节　转产转业决策方程估计与样本匹配

一、渔户转产转业决策方程估计

为实现转产转业渔户与未转产转业渔户匹配，需要建立渔户转产转业决策方程。本书基于 Probit 模型构建渔户转产转业的行为决策方程见式 6-5。

$$Ln\left(\frac{P_i}{1-p_i}\right) = \alpha_0 + \beta X_{im}^1 + \chi X_{in}^2 + \delta X_{ip}^3 + \varphi X_{iq}^4 + \gamma X_i^5 + u_i \quad (6-5)$$

式（6-5）中，$i = 1, 2, \cdots, n$ 表示渔户家庭，$p_i = P(T_i = 1 | X_i)$ 为家庭选择转产转业的条件概率，$\beta, \chi, \delta, \varphi, \gamma$ 分别表示各变量的影响系数矩阵，u_i 表示残差。X_{im}^1 表示户主特征变量（$m = 1, 2, \cdots, 5$），包括户主性别（$sex_i sex$）、年龄（age）、年龄的平方项（age^2）、文化程度（education）、健康状况（health）、培训（training）；X_{in}^2 表示家

庭特征变量（n = 1，2，…，6），包括赡养老人（old）、城镇购房（house）、土地（land）、互联网（internet）、捕捞时间（time）、社会网络（sworks）；X_{ip}^3表示村庄特征变量（p = 1，2），包括本村距乡镇的距离（distant）、拥有企业（enterprise）两个变量；X_{iq}^4表示宏观经济环境变量（q = 1，2），包括人均 GDP（lnrgdp）、二、三产业占比（structure）；X_i^5表示政策变量，具体指转产转业补贴（subsidy$_i$）。各控制变量对渔户转产转业的影响已在第四章进行详细分析，此处不再赘述。

二、倾向得分估计与共同支撑域条件

本章第四节第一部分已经给出了渔户转产转业决策方程，利用可观测解释变量计算渔户转产转业的条件概率 p_i，此概率值即为渔户 i 的倾向得分。为提高匹配质量，需要计算共同支撑域。若转产转业渔户和未转产转业渔户的解释变量重叠区域太窄，处于共同支撑域之外的转产转业渔户将无法实现有效匹配，导致较多的转产转业渔户样本丢失。通过比较转产转业渔户与未转产转业渔户倾向得分的密度函数考察两组样本的共同支撑域条件。利用渔户转产转业的倾向得分 p_i 及其对应的户数构造经验密度函数图（见图 6 - 2）。

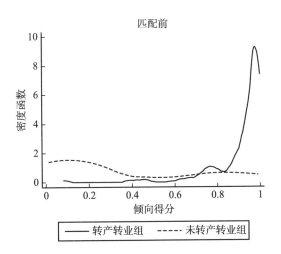

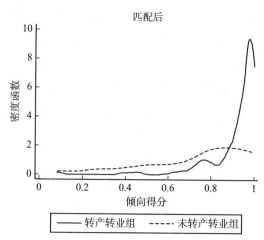

图 6 - 2　匹配前后转产转业渔户和未转产转业渔户倾向得分的经验密度

注：图 6 - 2 的纵坐标为相对量。

如图 6 - 2 所示，转产转业渔户和未转产转业渔户的倾向得分区间重叠范围较大，此区域为共同支撑域。在匹配前，已转产转业渔户和未转产转业渔户的倾向得分存在明显差异，若直接比较两组样本渔户间的福利效应，所得估计结果是有偏的。匹配之后，已转产转业渔户和未转产转业渔户的倾向得分变得非常接近，表明已转产转业渔户和未转产转业渔户基本特征比较相似，匹配效果较好。通过对渔户转产转业决策方程估计，匹配后，转产转业渔户的倾向得分区间为 [0.08，1]，未转产转业渔户的倾向得分区间为 [0.08，1]，共同支撑域为 [0.08，1]。在 356 个观测值中，有 7 个未转产转业渔户在共同取值范围外，已转产转业渔户全部在共同取值范围内，样本损失较少，共同支撑域条件比较满意。

三、样本匹配及其匹配质量检验

倾向得分估计的目的在于平衡转产转业渔户和未转产转业渔户之间解释变量的分布。完成样本匹配后，本节对两组样本解释变量的差异进行显著性检验。表 6-2 给出了平衡性检验结果，从中可以看出，样本匹配后的解释变量标准化偏差减少到 15.7% 左右，表明总偏误大大降低。Pseudo-R^2 值也是显著性下降，从 0.515 下降到匹配后的 0.153，表明两组样本之间的解释变量实现平衡，倾向得分与样本匹配比较成功。

表 6-2　　　　　倾向得分匹配前后解释变量的平衡性检验

匹配方法	Pseudo-R^2	标准化偏差
匹配前	0.443	35.1
最近邻居匹配（1:1）	0.153	15.7
最近邻居匹配（1:4）	0.192	19.0
半径匹配	0.191	18.9
核匹配（宽域=0.06）	0.184	17.5
局部线性匹配	0.153	15.7

注：①最近邻居匹配法（1:1），是为每个转产转业渔户样本寻找倾向得分与之最近的一个非转产转业渔户样本；②最近邻居匹配法（1:4），是利用 4 个非转产转业渔户样本的加权平均值与转产转业渔户样本进行匹配；③半径匹配，是通过限制倾向得分的绝对距离 $|p_i - p_j| \leq \varepsilon$，$\varepsilon \leq 0.25\hat{\sigma}_p$score，$\hat{\sigma}_p$score 为倾向得分的样本标准差，在绝对距离内为转产转业渔户匹配非转产转业渔户样本；④核匹配，是通过设定倾向得分窗宽 0.06，并将倾向得分在窗宽内的所有非转产转业渔户样本的加权平均与转产转业渔户样本进行匹配；⑤局部线性匹配，通过设定核函数，使用二三核，带宽为 0.8，为转产转业渔户匹配非转产转业渔户。

第五节　转产转业的福利效应分析

一、模型估计结果

依据式（6-3）定义测算渔户转产转业的福利效应，即转产转业渔户的平均处理效应（ATT），具体公式为：

$$ATT = \frac{1}{N} \sum_{i \in I_1 \cap S} \left[y_{1i} - \sum_{k \in I_0} w(i, k) \, y_{0k} \right] \qquad (6-6)$$

式（6-6）中，I_1 是转产转业渔户集合，y_{1i} 是转产转业渔户的福利值，I_0 是对照组样本集合，y_{0k} 是与渔户 i 相匹配的对照组样本福利值，S 是共同支撑域，N 是转产转业渔户个数。y_{0k} 的加权和是转产转业渔户 i 不选择转产转业的福利值，权重 w(i, k) 的取值与匹配方法有关。

表6-3 中给出了基于五种匹配方法测算的转产转业渔户福利效应，从中可以看出，最邻近匹配、半径匹配、核匹配、局部线性匹配方法中 ATT 的估计结果均为正值，且至少在 10% 的统计水平上通过显著性检验，表明在消除样本间可观测的系统性差异后，转产转业对渔户福利效应有显著的正向影响。具体来看，最近邻居匹配得出的 ATT 数值最大，为 1.3723；半径匹配得出的 ATT 其次，为 1.2888；局部线性匹配得出的 ATT 值最小，为 1.2629。总体来看，虽然不同匹配方法得到的估计结果存在差异，但从定性角度来看，五种方法的估计结果具有一致性，这说明转产转业显著提升渔户的家庭福利水平。

表6-3　　　　　转产转业对渔户福利水平影响的 PSM 估计结果

匹配方法	处理组	控制组	ATT	标准差	T 值
最近邻居匹配（1:1）	6.1425	4.7701	1.3723	0.5494	2.50 **
最近邻居匹配（1:4）	6.1425	4.8547	1.2876	0.6622	1.94 *
半径比配	6.1425	4.8536	1.2888	0.6788	1.90 *
核匹配（宽域 = 0.06）	6.1425	4.8630	1.2749	0.6768	1.89 *
局部线性匹配	6.1425	4.8795	1.2629	0.5495	2.30 **
平均值	6.1425	4.844	1.2973		

注：最近邻匹配均采取有放回方式；半径匹配中，半径选取 0.05；*** 、** 、* 分别表示在 1%、5%、10% 水平下显著（下表同）。

二、稳健性检验

收入是家庭福利的重要组成部分，农民家庭收入水平一定程度上决定了其生活质量的高低（高进云，2007）。通常，收入越高，家庭成员的安全感和舒适度也越高。渔户转产转业的首要表现是收入的变化，本书借鉴陈飞等（2015）的做法，采用家庭人均纯收入作为福利效应的代理变量进入模型，重新测算渔户转产转业的福利效应。

表6－4是倾向得分匹配前后解释变量的平衡性检验，图6－3展示了匹配前后转产转业渔户和未转产转业渔户倾向得分的经验密度图。从表6－4和图6－3可以看出，匹配前两组样本的差异比较显著，匹配后（最近邻居匹配）两组样本的差异明显减弱。表6－5给出了转产转业对渔户家庭收入影响的PSM估计结果。结果显示，最近邻居匹配、半径匹配、核匹配、局部线性匹配四种方法的估计结果显示ATT值均为正，且在10%统计水平上通过显著性检验，反映了转产转业对家庭人

表6－4　　　　　　倾向得分匹配前后解释变量的平衡性检验

匹配方法	Pseudo－R^2	标准化偏差
匹配前	0.515	35.1
最近邻居匹配（1∶1）	0.167	18.8
最近邻居匹配（1∶4）	0.195	16.1
半径比配	0.141	17.5
核匹配（宽域＝0.06）	0.135	16.3
局部线性匹配	0.306	28.2

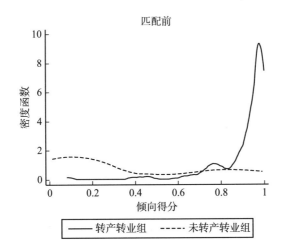

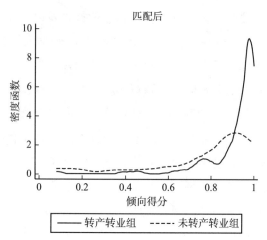

图 6-3 匹配前后转产转业组和未转产转业组渔户倾向得分的经验密度

表 6-5　　　　转产转业对渔户收入影响的 PSM 估计结果

匹配方法	处理组	控制组	ATT	标准差	T 值
最近邻居匹配（1∶5）	2.5584	1.8624	0.6960	0.3922	1.77 *
最近邻居匹配（1∶10）	2.5584	1.9077	0.6507	0.3664	1.78 *
半径比配	2.5634	1.9278	0.6356	0.3777	1.68 *
核匹配（宽域 =0.06）	2.5584	1.9375	0.6208	0.3313	1.87 *
局部线性匹配	2.7403	1.7864	0.9538	0.5088	1.87 *
平均值	2.5958	1.8846	0.7118		

均纯收入具有显著的正向效应。具体来看，除局部线性匹配 ATT 数值最大为 0.938，其他方法测算的 ATT 数值差异不大，这与本章第五节第一部分估计结果具有一致性，表明本书估计结果稳健可靠，表明转产转业可以显著提升渔户家庭的福利水平。

第六节　单一维度福利效应的进一步分析

根据第五章构建的福利指标体系可知，渔户家庭福利由收入、就业、健康、医疗、食物、教育、住房条件、居住环境等多个方面构成。本章第五节已对转产转业渔户家庭福利效应进行研究，不同估计方法下的结果均显示，转产转业有助于提升渔户家庭福利水平。有学者指出，低收入人群的消费集中在住房、食物、教育和医疗等四个方面（Subrahmanyan & Arias，2008），这四方面福利反映了低收入人群的生活质量。鉴于此，为进一步分析转产转业对渔户家庭单一维度福利的影响，本书选取住房条件、食物消费、医疗、教育四个单指标变量作为渔户家庭福利水平的代理变量，分别作为被解释变量进入模型重新检验。

一、住房条件

图 6-4 展示了匹配前后转产转业渔户和未转产转业渔户倾向得分的经验密度，从中可以看出，匹配前两组样本差异比较显著，匹配后（最近邻居匹配）两组样本的差异明显减弱。匹配后的共同支撑域为 [0.02，1]。3 个未转产转业渔户不在共同取值范围内，22 个已转产转业渔户不在共同取值范围内，样本损失较少，共同支撑域条件比较满意。

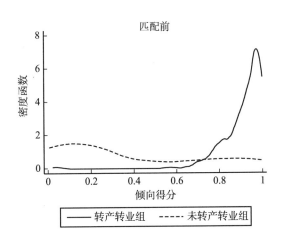

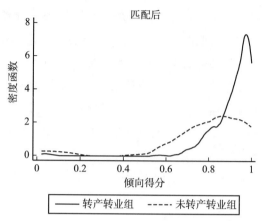

图6-4　最近邻匹配前后转产转业渔户和未转产转业渔户倾向得分的经验密度

表6-6给出了转产转业对渔户家庭住房条件影响的 PSM 估计结果，从中可以看出，最近邻居（1:1）匹配方法中的 ATT 值在10%统计水平上通过显著性检验，其他四种估计方法中的 ATT 值均在1%统计水平上通过显著性检验，且为正值，表明转产转业对住房条件具有显著的正向影响。从 ATT 估计值大小来看，局部线性匹配最大，为0.6885，最近邻居（1:1）匹配值最小。总体来看，五种估计方法中的 ATT 值差异不大。根据五种估计方法测算的 ATT 值，进一步计算了转产转业对渔户住房条件影响的 ATT 平均值，为0.6164，表明转产转业显著改善了渔户家庭的住房条件。

表6-6　　转产转业对渔户住房条件影响的 PSM 估计结果

匹配方法	处理组	控制组	ATT	标准差	T 值
最近邻居匹配（1:1）	7.3421	6.8082	0.5338	0.2877	1.86*
最近邻居匹配（1:4）	7.3421	6.7572	0.5848	0.2485	2.35***
半径比配	7.3438	6.7127	0.6311	0.2582	2.44***
核匹配（宽域=0.06）	7.3438	6.7002	0.6436	0.2542	2.53***
局部线性匹配	7.3438	6.6553	0.6885	0.3012	2.29***
平均值	7.3431	6.7267	0.6164		

转产转业对渔户住房条件的影响主要有间接和直接两种方式。第一，间接效应。住房是家庭资产的重要组成部分，住房条件的改善需要家庭较多的资金支持。渔户转产转业带来的收入效应，有助于渔户家庭调整最优消费组合，增加住房消费，改善居住条件。褚荣伟和张晓东（2011）研究发现，住房和食物在农民消费支出中占比较大。第二，直接效应。渔户在城镇转产转业后，住房结构从平房、砖木房变成楼房、混合结构房，卫生间、厨房等房屋内基本设施等会得到直接改善。对于从事渔家乐等休闲渔业的渔户来说，此类经营活动对住房条件要求较高，在从事新行业的过程中直接改善了渔户住房条件。调查问卷中，渔户对自己住房条件的评价结果显示，在已转渔户中，分值在 7 分以上的渔户占比为 79.65%，分值在 8 分及以上的渔户占比为 43.51%；在未转渔户中，分值在 7 分及以上的渔户占比为 56.34%，分值在 8 分及以上的渔户占比仅为 16.90%。这进一步表明已转渔户的住房条件明显好于未转渔户。

二、食物消费

图 6-5 给出了匹配前后转产转业渔户和未转产转业渔户倾向得分的经验密度分布情况，从中可以看出，匹配前两组样本差异比较显著，匹配后（核匹配）两组样本的差异明显减弱。表 6-7 给出了转产转业对渔户家庭食物消费影响的 PSM 估计结果。从表 6-7 可以看出，最近邻居匹配法（1:1、1:4）、半径匹配、核匹配、局部线性匹配等五种估计方法中的 ATT 值均在 1% 的统计水平上通过显著性检验，表明转产转业对渔户家庭食物消费具有显著的正向影响。从 ATT 估计值大小来看，最近邻居（1:4）匹配中的 ATT 值最大，为 0.9843，其次是核匹配中的 ATT 值，为 0.9377，最近邻居（1:1）匹配中的 ATT 值最小，为 0.8458。根据五种方法测算的 ATT 值，本书计算了转产转业对渔户食物消费影响的 ATT 平均值，为 0.9154，表明转产转业可以显著提升渔户食物消费福利。

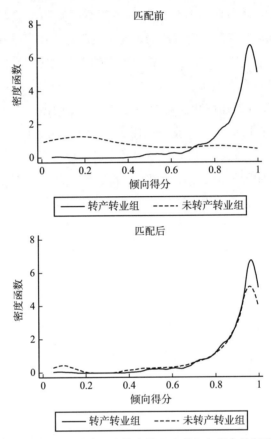

图 6 – 5　匹配前后转产转业渔户和未转产转业渔户倾向得分的经验密度分布情况

表 6 – 7　　　转产转业对渔户食物消费影响的 PSM 估计结果

匹配方法	处理组	控制组	ATT	标准差	T 值
最近邻居匹配（1∶1）	6.96240	6.1165	0.8458	0.2381	3.55 ***
最近邻居匹配（1∶4）	6.9624	5.9780	0.9843	0.1960	5.02 ***
半径比配	6.9473	6.0653	0.8821	0.2083	4.23 ***
核匹配（宽域 =0.06）	6.9474	6.009	0.9377	0.2006	4.67 ***
局部线性匹配	6.9473	6.0203	0.9270	0.2268	4.09 ***
平均值	6.9534	6.0378	0.9154		

收入是影响食物消费的最主要因素，收入水平的高低决定了居民的预算约束。随着收入水平的提高，农民首先增加食物消费支出（褚荣伟和张晓东，2011）。当基本的吃饱需求满足后，渔户会更加关注营养健康和膳食结构，增加营养价值较高的肉蛋奶及其制品的消费。这与安德森和凯塞多（Pinstrup‒Andersen P and Caicedo E，1978）、黄季焜（1995）、郑志浩和亨内伯里（Zheng Z H and Henneberry S R，2010）等研究结论一致。在调研中发现，转产转业渔户家庭在外食物消费量逐渐增加，人均在外食物消费支出占家庭食物消费总支出的比重呈上升趋势，在外食物消费中蛋肉鱼类等消费比重明显高于在家消费的比重，Ma et al.（2006）也得出类似结论。这表明转产转业不仅为渔户带来食物消费总量的增加，而且优化了食物消费结构，渔户家庭更加注重食物消费的营养与安全。调查问卷中渔户对自家食物消费的评价结果显示，在已转渔户中，分值在 7 分及以上的渔户占比为 67.02%，分值在 8 分及以上渔户占比为 33.68%；在未转渔户中，分值在 7 分及以上的渔户占比为 21.13%，分值在 8 分及以上渔户占比仅为 2.82%，已转产转业渔户食物消费福利水平明显高于未转产转业渔户，表明转产转业显著提升渔户食物消费水平。

三、医疗

图 6-6 给出了匹配前后转产转业渔户和未转产转业渔户倾向得分的经验密度分布情况，从中可以看出，匹配前两组样本差异比较显著，匹配后（局部线性匹配）两组样本的差异明显减弱。表 6-8 给出了转产转业对渔户医疗服务影响的 PSM 估计结果。如表 6-8 所示，最近邻居匹配法（1:1、1:4）、半径匹配、核匹配、局部线性匹配五种估计方法中的 ATT 值均未在统计上通过显著性检验，表明转产转业对医疗福利提升的影响不明显。根据五种方法测算的 ATT 值，进一步计算了转产转业对渔户医疗福利影响的 ATT 平均值，为 0.3587。

转产转业对渔户家庭医疗福利影响不显著的原因可能在于：一是受

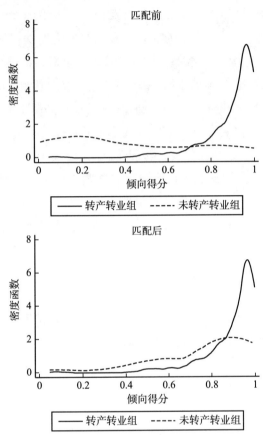

图 6 - 6　匹配前后转产转业渔户和未转产转业渔户倾向得分的经验密度分布情况

表 6 - 8　　　　　　转产转业对渔户医疗影响的 PSM 估计结果

匹配方法	处理组	控制组	ATT	标准差	T 值
最近邻居匹配（1:1）	6. 5301	6. 2819	0. 2481	0. 3636	0. 68
最近邻居匹配（1:4）	6. 5300	6. 1644	0. 3656	0. 3348	1. 09
半径比配	6. 5053	6. 1060	0. 3992	0. 3721	1. 07
核匹配（宽域 = 0.06）	6. 5052	6. 1125	0. 3927	0. 3795	1. 03
局部线性匹配	6. 5053	6. 1172	0. 3880	0. 3019	1. 28
平均值	6. 5152	6. 1564	0. 3587		

创业资金、缺乏就业技能等限制，多数渔民转产就业后集中在建筑业、园林绿化、服务业等劳动密集型行业，这些行业大多具有劳动强度大、风险高、环境差等特点，渔民身体状况不仅没有改善反而变差，导致渔民医疗支出较大。二是多数渔民文化素质较低，维权意识不强，就业时未与用工单位签订劳动合同，难以享受完善的劳动保障，甚至出现转产转业收入的增加无法弥补医疗支出的现象。三是受城乡户籍制度的影响，渔民无法享受城镇居民基本社会保障，工伤保险和医疗保险的缺失，迫使渔户以储蓄的方式缓解医疗支出不确定性的冲击。与享受医疗保险的群体相比，以自费方式承担医疗费用的渔民面临更高的医疗成本。四是一些渔民在转产转业过程中通过延长工作时间等方式增入，这种以消耗健康换取增加收入的短视行为，导致转产转业渔民健康受到威胁（苑会娜，2009），当健康风险产生的医疗费用超过家庭的支付能力时，会带来家庭贫困，进而降低医疗福利水平（高梦滔，2005）。总体来看，转产转业对渔户家庭医疗福利影响不明显。

四、教育

图 6-7 给出了匹配前后转产转业渔户和未转产转业渔户倾向得分的经验密度分布情况。如图 6-7 所示，匹配前两组样本差异比较显著，匹配后（核匹配）两组样本的差异明显减弱。表 6-9 给出了转产转业对渔户教育影响的 PSM 估计结果。从中可以看出，最近邻居匹配法（1:1、1:4）、局部线性匹配等估计方法中的 ATT 值均在 10% 的统计水平上通过检验，表明转产转业对渔户教育有显著的正向影响。从 ATT 估计值大小来看，最近邻居（1:1）匹配下的 ATT 值最大，为 0.5489，其次是最近邻居（1:1）匹配的 ATT 值为 0.5209。根据五种方法测算的 ATT 值，进一步计算了转产转业对渔户教育福利影响的 ATT 平均值，为 0.4956，表明转产转业显著提升了渔户教育福利。

转产转业显著改善教育福利的主要原因在于，一方面，受教育程度是劳动力实现重新就业和获取市民资格的重要资本，拥有特殊技能或受

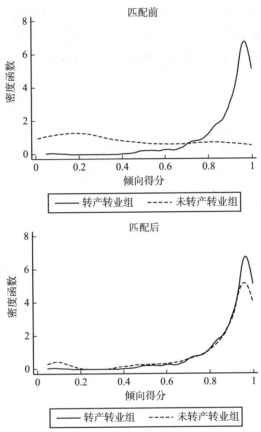

图 6 - 7　匹配前后转产转业渔户和未转产转业渔户倾向得分的经验密度分布情况

表 6 - 9　　　　　　　转产转业对渔户教育影响的 PSM 估计结果

匹配方法	处理组	控制组	ATT	标准差	T 值
最近邻居匹配（1∶1）	6. 7481	6. 1992	0. 5489	0. 2965	1. 85 *
最近邻居匹配（1∶4）	6. 7481	6. 2271	0. 5209	0. 2779	1. 87 *
半径比配	6. 7192	6. 2571	0. 4621	0. 3002	1. 54
核匹配（宽域 = 0. 06）	6. 7192	6. 2525	0. 4667	0. 3164	1. 48
局部线性匹配	6. 7192	6. 2400	0. 4793	0. 2536	1. 89 *
平均值	6. 7308	6. 2352	0. 4956		

教育程度较高的渔民更容易实现转产转业。在渔民文化素质普遍较低的情况下，渔民更能意识到技能和知识的重要性，从而激励他们增加对自身及子女教育的投入，同时，转产转业带来的收入效应也为增加子女教育投入提供保障。另一方面，随着渔户转产转业到城镇和教育政策（允许异地高考）的逐步完善，越来越多的渔户随迁子女选择在其务工城镇就学，子女教育质量明显提升。总体来看，转产转业显著提升了渔户教育福利。调查问卷中，渔户对教育的评价结果显示，在已转渔户中，分值在 7 分及以上的渔户占比为 52.98%，分值在 8 分及以上的渔户占比为 23.86%；在未转渔户中，分值在 7 分及以上的渔户占比为 39.44%，分值在 8 分及以上的渔户占比为 18.31%，可以发现，与未转渔户相比，已转产转业渔户的教育福利明显高于未转产转业渔户。

五、渔户主观判断维度的统计分析

前面采用 PSM 测算了转产转业对渔户家庭福利的影响，估计结果显示，与未转产转业渔户相比，已转产转业渔户家庭福利水平得到显著提升。除倾向得分匹配法外，本书基于渔户转产转业前后主观福利判断做进一步统计分析，识别渔户转产转业行为的福利效应。在问卷中，具体问答方式是：渔户家庭成员根据转产转业前后家庭福利的变化，自行判定是"比以前差""与以前一样"还是"比以前好"。调查问卷中福利指标分别从收入、就业、健康、医疗、食物消费、教育、住房条件、居住环境等 8 个方面设置问题。如"您觉得目前的家庭收入与转产转业前相比变化如何"，对该问题的回答，设置了"1 比以前差""2 与以前一样""3 比以前好"三个选项；"与从事捕捞业相比，您觉得目前家庭成员的就业状况如何"，对该问题的回答，设置"1 比以前差""2 与以前一样""3 比以前好"三个选项；"您觉得家庭成员的身体状况与转产转业前相比变化如何"，对该问题的回答，设置"1 比以前差""2 与以前一样""3 比以前好"三个选项；等等。

表 6-10 给出了渔户转产转业前后家庭福利变化分布情况。如表

6－10 所示，在食物消费方面，选择"与以前一样"的样本渔户占总样本的比重为 15.79%，选择"比以前好"的样本渔户占总样本的比重达 81.05%，仅有 2.81% 的样本渔户选择了"比以前差"，表明与转产转业前相比，渔户家庭的食物消费福利明显提升。在调研过程中也发现，渔民食物消费结构逐渐多元化，更加注重食物营养与安全。在医疗方面，选择"与以前一样"和"比以前好"的样本渔户占总样本的比重分别为 46.67% 和 45.61%，选择"比以前差"的样本渔户占总样本的比重为 7.72%。在教育方面，选择"比以前好"的样本渔户占总样本的比重达 73.33%，选择"与以前一样"的样本渔户占总样本的比重为 24.91%，选择"比以前差"的样本渔户占总样本的比重仅为 1.75%。在住房条件方面，选择"比以前差"的样本渔户占总样本的比重仅为 0.70%，选择"与以前一样"的样本渔户占总样本的比重为 17.19%，选择"比以前好"的样本渔户占总样本的比重高达 82.11%，表明转产转业明显改善了渔户家庭的住房条件。

表 6－10　　　　　　渔户转产转业前后家庭福利变化分布情况　　　　　单位：%

项目	比以前差占比	和以前一样占比	比以前好占比
食物消费	2.81	15.79	81.05
医疗	7.72	46.67	45.61
教育	1.75	24.91	73.33
住房条件	0.70	17.19	82.11
平均值	3.25	26.14	70.53

资料来源：根据调研问卷整理而得。

对比转产转业前后渔户家庭福利效果，发现渔户家庭在居住条件、食物消费两个方面的福利改善分别排在前两位，教育和医疗福利分别位居第三、第四位，表明转产转业对渔户家庭的食物消费、住房条件福利改善较多，与前文研究结论相一致性，表明本书研究结果比较稳健。

第七节 小 结

本章利用山东省五个市 356 个渔户微观调查数据，运用倾向得分匹配法构建"反事实"研究框架，分析了渔户转产转业对家庭福利的影响。结果表明，转产转业对渔户家庭福利具有显著的正向效应。稳健性检验结果也显示，转产转业可以显著改善渔户家庭福利。

本章进一步选取住房条件、食物消费、医疗、教育四个单指标作为渔户家庭福利水平的代理变量进行分析。结果显示，转产转业显著提升了渔户家庭食物消费、住房条件、教育三个方面的福利水平，对医疗福利影响不显著。具体来看，转产转业对渔户家庭食物消费福利水平提升最大，ATT 值为 0.9154；对渔户家庭住房福利水平提升排在第二位，ATT 值为 0.6164；对渔户家庭教育福利改善程度位居第三位，ATT 值为 0.4956；转产转业对渔户家庭医疗福利改善不显著。

第七章

涉海渔户转产转业福利效应的异质性分析

第六章已从理论和实证两个层面分析了转产转业对渔户家庭福利的影响。为进一步分析转产转业对不同渔户家庭福利影响的异质性，本章将基于家庭基本特征对渔户进行分类，检验转产转业对不同类型渔户家庭福利影响的差异。一方面，我国渔民文化水平普遍偏低、专业技能差，不同渔户家庭资源禀赋迥异；另一方面，各行业部门和产业特性不同，对劳动力素质的要求也存在差异，因而，渔户转产转业到不同行业或部门对渔户家庭福利水平影响存在异质性。本章主要依据渔户是否参加技能培训和转产转业的行业类型对渔户分组，考察渔户转产转业对家庭福利水平的影响差异。具体分组方式为，一是依据户主是否接受技能培训，将渔户家庭分为受过技能培训渔户和未受过技能培训渔户两组；二是按照渔户转产转业后从事的行业类型，分为海水养殖业、渔业第二产业、渔业第三产业及渔业外二、三产业。

第一节　从是否受过技能培训的异质性视角

一、理论分析

近年来，我国各级政府积极出台相关政策，支持开展各种形式的转产转业技能培训，旨在帮助渔户转产转业。2007 年农业部印发《中长期渔业科技发展规划（2006—2020）》，明确提出通过开展多层次、多渠道转产转业培训，尤其推广针对渔民的专业技能培训，如船舶驾驶、机动车驾驶、水产养殖等，重点加强 30 岁以下青壮年渔民转产转业培训，提高渔民转移就业的能力。2012 年，农业部出台《全国水产技术推广工作"十二五"规划》，要求各级水产技术推广机构积极举办沿海渔民转产转业培训活动。2013 年，国务院发布的《国务院关于促进海洋渔业持续健康发展的若干意见》明确指出，各级政府加大渔民职业技能培训，让渔民长远生计有保障。同年，住房和城乡建设部等部门制定《关于实施以船为家渔民上岸安居工程的指导意见》，要求做好渔民转产转业培训工作。2017 年，农业部出台《进一步加强国内渔船管控 实施海洋渔业资源总量管理的通知》提出要加大减船上岸渔民的就业培训力度，拓宽渔民的创业就业渠道。

为响应国家推动渔民转产转业的政策要求，各地政府多方筹集资金、出台相关优惠政策用于开展渔民转产转业培训。青岛市成立渔民培训服务中心，重点开展渔民转产转业培训及渔业养殖技术培训。辽宁省通过开办渔民培训班，帮助捕捞渔民掌握新就业技能，实现由捕捞型向养殖型转变。浙江省通过组织多种形式的转产转业培训，推动渔业劳动力"弃捕上岸"。然而，面对影响如此广泛的渔民转产转业培训实践，国内关于培训对转产转业渔户家庭福利影响的研究文献比较鲜见。考虑到渔民转产转业培训工程的复杂性和艰巨性，这种忽略在很大程度上会影响转产转业培训的持续开展。随着海洋捕捞能力与海洋渔业资源之间矛盾的日益突出，越来越多的捕捞渔户面临转产转业，地方政府也会更加积极推动转产转业培训。本书从渔户是否受过技能培训角度，考察转产转业对渔户家庭福利的影响显得尤为必要。

培训是提升人力资本的重要方式，这一论断已在学术界达成共识（Becker & Schultz，1964）。而关于技能培训对促进就业、实现农民增收、改善家庭效应等的影响一直存在争论。已有关于技能培训效果研究的观点主要有以下两种：一是技能培训有助于促进农民再就业，实现农民增收。人力资本开发是农村劳动力转移的重要条件，技能培训通过提升农民获取信息的能力，拓宽就业信息渠道，促使农民更易找到合适的非农就业机会（钟甫宁，2003）。因此，接受培训的家庭人均收入明显高于未接受培训的家庭（周逸先和崔玉平，2001）。从家庭收入结构来看，接受技能培训可以显著提升工资性收入（尹光杰和尹迪，2012）。具体到培训内容，农村居民对技术培训需求更大（刘志兵等，2011）。二是技能培训的福利效果不明显。王海港（2009）等运用异质性处理效应模型研究了职业技能培训对农村居民非农收入的影响，发现现有的农村职业培训没有充分发挥其应有的作用。王德文等（2008）利用Mincer工资方程研究了培训对农村劳动力迁移的影响，发现简单的培训对农村劳动力的工资性收入影响不显著，而正规培训才能提升农村劳动力的工资性收入。Aakvik et al.（2005）研究了挪威社会部门提供的再就业培训对就业的影响，发现培训的平均收益为负，培训项目对再就业没有明显的帮助。相似的研究结论的文献还有，职业培训对再就业和提升工资水平的作用比较有限，尚未发挥其在改善农村居民福利方面的应有效果（LaLonde，1995；Friedlander，1997）。

当前，国内尚缺乏技能培训对渔户家庭福利影响的相关研究。渔民技能培训推动了捕捞渔民转产转业，增强渔民就业竞争力，提高渔民综合素质，改善渔户家庭福利水平。技能培训根据市场需求安排就业培训内容，满足渔民转产转业的需要。特别是对拟向二、三产业和城镇转移的渔民开展技能培训，既是为了使他们尽快在新领域中就业或创业，也是为了完成从传统"渔民"向现代公民的转变。因此，渔民技能培训不是简单地教给渔民一些手艺或者技能，而是一项完整的、科学的、有层次的教育工程，培训内容应涉及就业技能培训、生活技能培训和观念意识教育等内容。

在就业技能培训方面，由于渔民受教育程度低、缺乏其他就业技能，因此开展技能培训的首要目的是让渔民学习就业技能，提升渔民就业能力。例如，开展保洁、保安员、家政、美容美发等培训活动，通过改善渔民就业质量，获得非农收入效应，改善渔户家庭福利。在生活技能培训方面，渔民受传统和现代两种不同文化的影响，易遭受城镇现代主流价值观的排斥，难以融入城镇生活。生活技能培训为渔民快速掌握更多的生活常识及法律法规知识提供有效途径，培养渔民对现代文明的认同感和现代生活的责任感，增强接受新事物、适应新环境的能力。在观念意识教育方面，现代渔民普遍存在观念意识不强的现象，观念意识培训有助于渔民培养法制观念，树立正确的平等意识、权利意识，增强渔民在多元分配格局中的发言能力、组织能力和维权能力，维护家庭权益。此外，渔民接受技能培训的过程也是一个积累社会资本的过程，接受技能培训的渔民可能拥有更广的社会网络。社会资本间接改变渔户家庭生产生活方式，是提高人类福利的重要非市场力量。技能培训对渔户家庭福利影响的作用机制如图 7-1 所示。

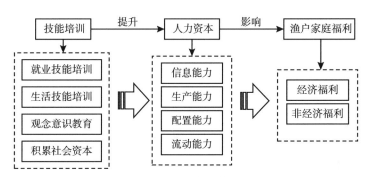

图 7-1　技能培训影响渔户家庭福利的传导机制

二、模型设计与数据来源

本节采用倾向得分匹配法从渔户是否参加技能培训角度，分析转产转业渔户家庭福利效应的异质性，具体过程已在第六章第二节进行分析，此处不再赘述。本节数据来源于山东省 356 个微观渔户调研数据。

三、估计结果

图 7-2 给出了参加技能培训组渔户转产转业前后倾向得分匹配的

经验密度分布情况。图 7 - 3 给出了未参加技能培训组渔户转产转业前后倾向得分匹配的经验密度分布情况。图 7 - 2 和图 7 - 3 均显示，不论渔户是否参加过技能培训，匹配前两组样本差异比较显著，匹配后（最近邻居匹配）两组样本的差异明显减弱。表 7 - 1 给出了参加技能培训组和未参加技能培训组渔户转产转业的福利效应 PSM 估计结果，从中可以看出，在参加技能培训组，最近邻居匹配（1∶1）、半径匹配、核匹配、局部线性匹配等估计方法中的 ATT 值均未在统计上通过显著性

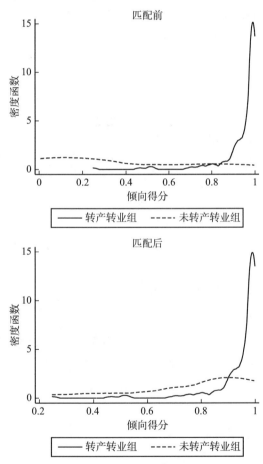

图 7 - 2 参加技能培训组渔户转产转业前后倾向得分匹配的经验密度

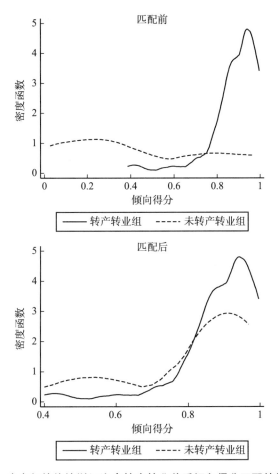

图7-3 未参加技能培训组渔户转产转业前后倾向得分匹配的经验密度

水平检验，表明在参加技能培训组，转产转业对提高渔户福利水平的影响不显著。对未参加技能培训组，最近邻居匹配（1∶4）、半径匹配、核匹配、局部线性匹配等方法中的 ATT 值均在 10% 的统计水平上通过显著性检验，且为正值，表明在未参加技能培训组，转产转业显著提高了渔户家庭福利水平。这反映了是否参加技能培训对转产转业渔户家庭福利影响不显著，这与一些实证研究的结论相一致，参加技能培训不一定总是有成效。LaLonde（1995）和 Friedlander et al.（1997）对美国20

世纪 60～90 年代开展的职业培训进行分析，发现职业培训对成年男性和年轻人的就业与收入影响非常有限，对于那些被迫参加培训的成员来说，培训的收益最低，甚至不足以弥补参加培训时花费的成本。

表 7－1　　　　参加技能培训组和未参加技能培训组渔户转产
转业的福利效应 PSM 估计结果

匹配方法	接受技能培训 福利效应	未接受技能培训组 福利效应
最近邻居匹配（1:1）	1.4943（1.23）	0.7417（1.08）
最近邻居匹配（1:4）	1.9470（1.82）*	1.1097（1.84）*
半径比配	1.3825（0.83）	1.1534（1.76）*
核匹配（宽域＝0.06）	1.3305（0.80）	1.0914（1.73）*
局部线性匹配	1.3962（0.63）	1.2761（1.77）*
平均值	1.5101	1.07446

四、结果分析

本节估计结果显示，渔户是否受过职业技能培训对渔户转产转业福利水平提升作用并不明显。主要原因在于：

第一，组织与考核方式的弊端。政府为推动渔户转产转业而组织的一系列技能培训存在外部性，通常各级政府对参加技能培训的人数制定标准，根据参加技能培训的人数对组织者进行考核，却未将培训的效果纳入考核范围。为完成培训任务、争取培训资金，各级培训部门首先会"请"村里最容易动员的渔民参加，通常是与村委会关系较密切的渔民、在村委会任职的渔户参加培训，也存在同一渔民多次参加培训等问题。在调查样本中，58.43% 的渔户参加过技能培训，其中 20% 的样本渔户参加过 2 次及以上培训，41.57% 的渔户未参加过任何培训。在调研中也发现，由于参与培训的最终人数反映在签到表上，组织者为了达到政府部门规定的人数标准，甚至出现与培训无关的人员代签等现象，降低了培训效果。此外，培训的设计原则是渔民自愿报名与政府推动相结合，而自愿报名参加培训符合理性经济人假设，其培训效果优于被动参加培训。但在实施过程中，出现综合素质相对较高的渔民多次参加技能培训的现象，而真正需要参加技能培训的低素质渔民参加培训的概率很小，导致培训效果不佳，甚至流于形式。因此，有必要改变现有技能培训的动员、组织与考核方式，发挥技能培训在渔户转产转业、提升渔户家庭福利方面的推动作用。

第二，技能培训供给不足。目前，相关政府部门普遍重视转产转业技能培训，开展了针对渔民的实用技能培训，但由于培训部门之间没有整合资源优势，难以形成合力，导致培训与经济发展、产业结构调整存在脱节。在调研中发现，渔民对于参加技能培训的积极性很高，他们最需要的是养殖技术、非农就业技术和创业技能等，现实中，渔民培训体系尚不健全，培训供给量远远小于需求量。受经费投入不足的影响，目前各地举办的技术培训难以满足渔民对培训的需求量，直接降低了渔民参与培训的积极性和培训效果。

第二节 从转移到不同行业类型的视角

一、理论分析

海洋捕捞业是利用渔船、渔具等机械设备，从海洋直接获取经济类动植物资源的生产活动。捕捞业与远古时期的采集和狩猎活动相似，同时有自己的行业特性。一方面，捕捞业机械化程度远高于远古时期的采集与狩猎；另一方面，捕捞产品除捕捞者自行食用小部分外，其他渔获物参与社会分工与商品交换。因此，海洋捕捞业被称为产业，而远古时期的采集与狩猎不是严格意义上的产业。随着海洋渔业资源的衰退，海洋捕捞业劳动力过剩现象日益突出。其直接后果是捕捞业的比较劳动生产率低于其他行业。理性的渔民会选择转产转业。从这个角度上说，渔户转产转业实质是渔业劳动力在产业间的转移。

海洋渔业是指在海洋中捕捞、采集和养殖水生动植物以获取水产品的一类生产活动，有狭义和广义之分。按照生产特性，狭义的海洋渔业分为海洋捕捞业和海水养殖业。广义的海洋渔业不仅包括海洋捕捞业和海水养殖业，而且包括与海洋捕捞业和海水养殖业相关的上下游产业，如渔船、渔具制造和修缮，海洋水产品加工、流通、储存、销售，休闲渔业等。根据转产转业的定义，当前渔户转产转业的目标产业主要有渔业内产业和渔业外产业两种，即海洋捕捞业（渔业第一产业）、海水养殖业（渔业第一产业）、水产品加工业（渔业第二产业）、休闲渔业（渔业第三产业）或其他渔业外产业（渔业外二、三产业）。

海水养殖业是指渔民利用浅海、滩涂、港湾、围塘等海域，采用饲养、人工孵化等手段，放养自然生成或人工繁育的海洋动植物种苗，通过"耕海牧渔"方式生产海洋动物性和植物性水产品的社会生产活动。当前，我国较为广阔的海水养殖空间为捕捞渔民"弃捕上岸"提供了有效途径，对于改善渔户家庭福利具有重要作用。此外，海水养殖业发展带动上下游产业，包括养殖育苗、鱼饲料与肥料业、水产品加工与仓储业、水产品销售业等，也为渔户转产转业提供了较大的转换空间。渔业第二产业是渔业工业和建筑业，包括海洋水产品加工、渔具制造、饲料业、建筑业及其他相关产业。渔业第三产业主要指渔业流通与服务业，包括水产品流通业、水产运输与仓储业、休闲渔业及其他相关产业。渔业二、三产业的发展，一方面为渔户转产转业提供就业岗位；另一方面，为改善渔户家庭生产生活环境、提升渔户家庭福利具有重要的作用。

目前，需要转产转业的渔民数量比较庞大，仅靠渔业内部产业转移难以实现，必然导致部分渔民自愿或被迫退出渔业内产业。随着渔港经济区及城镇化的发展，有相当一部分渔户转产转业到周边小城镇或大都市，实现了从渔民到市民的转变。这种地域层面的转产转业与农村剩余劳动力城镇化转移具有共性。因此，渔民转产转业的本质符合劳动力转移理论中二元结构转换的一般规律，是生产要素的重新配置。调研过程中发现，72.28% 的渔户转移到渔业内部产业，28.72% 的渔户转移到渔业外行业。然而，渔户转产转业是否意味着渔户家庭福利将会得到改善？受行业特点、对工种的要求及从业地点的影响，渔户转产转业后家庭收入、居住、思想观念、对医疗和教育的投资及健康状况都会发生相应的变化，究竟转移到哪些行业的渔户家庭福利水平会得到提升，哪些行业的渔户家庭福利状况未得到改善，需要分行业检验转产转业对渔户家庭福利效应的差别影响。

二、模型设计与数据来源

本节采用倾向得分匹配法分析转产转业渔户家庭福利效应的异质性，具体过程已在第六章第二节进行分析，此处不再赘述。本节数据来源于山东省 356 个微观渔户调研数据。

三、估计结果

1. 海水养殖业

图 7-4 给出了匹配前后转到海水养殖业渔户与未转渔户倾向得分的经验密度分布情况，从中可以看出，匹配前两组样本差异比较显著，匹配后（最近邻居匹配）两组样本的差异明显减弱。表 7-2 给出了转到海水养殖业渔户福利效应的 PSM 估计结果。结果显示，最近邻居匹配法中的 ATT 值为正值，且在 1% 的统计水平上通过显著性检验，表明转到海水养殖业的渔户家庭福利效应明显高于未转渔户。尽管五种方法得出的 ATT 值存在差异，但从定性角度看，五种方法的估计结果具有一致性，表明转到海水养殖业可以明显提升渔户家庭福利水平。表 7-2 最后一行给出了四种方法估计的 ATT 平均值，为 1.4921。

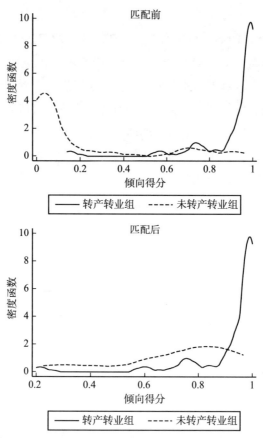

图 7-4 匹配前后转到海水养殖业渔户和未转产转业渔户倾向得分的经验密度

表 7-2 转到海水养殖业渔户家庭福利效应的 PSM 估计结果

匹配方法	处理组	控制组	ATT	标准差	T 值
最近邻居匹配（1∶1）	6.7016	5.1240	1.5776	0.5915	2.67 ***
最近邻居匹配（1∶4）	6.7016	5.1173	1.5844	0.7076	2.24 ***
半径比配	6.8439	5.5813	1.2626	1.3666	0.92
核匹配（宽域 = 0.06）	6.7648	5.5418	1.2231	1.3664	0.90
局部线性匹配	6.9317	5.1185	1.8131	1.3363	1.36
平均值	6.7887	5.2966	1.4921		

2. 渔业第二产业

图 7-5 给出了匹配前后转到渔业第二产业的渔户与未转渔户倾向得分的经验密度分布情况，从中可以看出，匹配前两组样本差异比较显著，匹配后（最近邻居匹配）两组样本的差异明显减弱。表 7-3 给出了转到渔业第二产业渔户家庭福利效应的 PSM 估计结果。结果显示，无论是最近邻居匹配、还是半径匹配、核匹配，抑或是局部线性匹配，ATT 值均为正，且至少在 10% 的统计水平上通过显著性检验，表明在消除了样本间可观测的系统性差异后，转产转业对渔户家庭福利具有显著的正向影响。具体来看，最近邻居（1:4）匹配得出的 ATT 值最大，

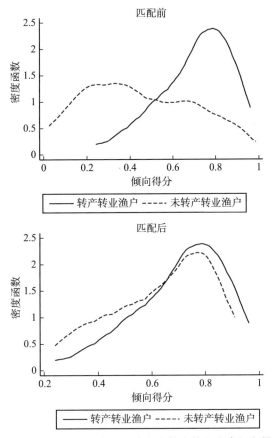

图 7-5　匹配前后转到渔业第二产业渔户和未转产转业渔户倾向得分的经验密度

为 1.3740；核匹配中的 ATT 值排在第二位，为 1.3532；局部线性匹配和半径匹配中的 ATT 值分别为 1.3229 和 1.3094；最近邻居（1∶1）匹配中的 ATT 值最小，为 0.9824。虽然五种方法得出的 ATT 值存在一定的差异，但各方法估计结果均表明转到渔业第二产业的渔户家庭福利水平明显高于未转渔户。表 7－3 最后一行给出了不同方法得出的 ATT 平均值，为 1.2684。

表 7－3　　　　渔业第二产业渔户家庭福利效应的 PSM 估计结果

匹配方法	处理组	控制组	ATT	标准差	T 值
最近邻居匹配（1∶1）	6.3708	5.3884	0.9824	0.6026	1.63 *
最近邻居匹配（1∶4）	6.3708	4.9968	1.3740	0.6070	2.26 ***
半径比配	6.5018	5.1924	1.3094	0.5637	2.32 ***
核匹配（宽域＝0.06）	6.53	5.1767	1.3532	0.5655	2.39 ***
局部线性匹配	6.4377	5.1148	1.3229	0.5958	2.22 *
平均值	6.44222	5.17382	1.2684		

3. 渔业第三产业

图 7－6 给出了匹配前后转到海洋渔业第三产业的渔户与未转渔户倾向得分的经验密度分布情况，如图所示，匹配前两组样本差异比较显著，匹配后（最近邻居匹配）两组样本的差异明显减弱。表 7－4 给出了转到渔业第三产业渔户家庭福利效应的 PSM 估计结果。结果显示，无论是最近邻居匹配、还是半径匹配、核匹配，抑或是局部线性匹配，ATT 估计值均为正，且至少在 10% 的统计水平上通过显著性检验，表明在消除了样本间可观测的系统性差异后，转到渔业第三产业对渔户家庭福利水平有显著的正向影响。具体来看，最近邻居匹配（1∶4）法中的 ATT 值最大，为 1.9990；最近邻居匹配（1∶1）得出的 ATT 值排在第二位，为 1.7119；其次是局部线性匹配，为 1.3289；半径匹配和核匹配得出的 ATT 值分别为 0.7866 和 0.9154。五种方法得出的 ATT 值均表明转到渔业第三产业的渔户福利水平显著高于未转渔户。表 7－4 最后一行给出了不同方法得出的 ATT 平均值，为 1.3484。

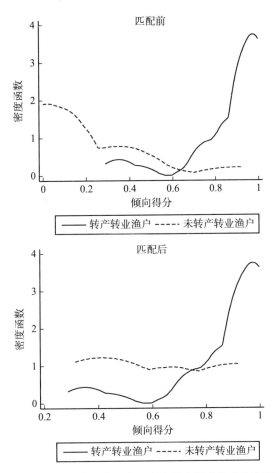

图 7 - 6　匹配前后转到渔业第三产业渔户和未转产转业渔户倾向得分的经验密度

表 7 - 4　　　　　转到渔业三产业渔户福利效应的 PSM 估计结果

匹配方法	处理组	控制组	ATT	标准差	T 值
最近邻居匹配（1∶1）	6.7146	5.0026	1.7119	0.5532	3.09 ***
最近邻居匹配（1∶4）	6.7146	4.7156	1.9990	0.4732	4.22 ***
半径比配	6.1533	5.3666	0.7866	0.5589	1.41
核匹配（宽域 = 0.06）	6.2829	5.3675	0.9154	0.5167	1.77 *
局部线性匹配	6.3071	4.9781	1.3289	0.8217	1.62 *
平均值	6.4345	5.0861	1.3484		

4. 渔业外二、三产业

图7-7给出了匹配前后转到渔业外二、三产业的渔户与未转产转业渔户倾向得分的经验密度分布情况，如图所示，匹配前两组样本差异比较显著，匹配后（最近邻居匹配）两组样本的差异明显减弱。表7-5给出了转到渔业二、三产业渔户福利效应的PSM估计结果。从中可以看出，无论是最近邻居匹配、还是半径匹配、核匹配，抑或是局部线性

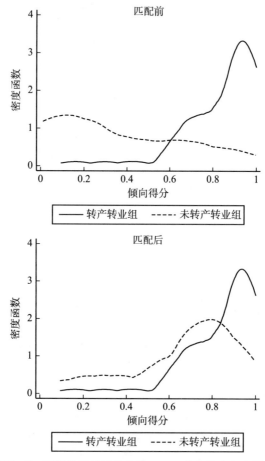

图7-7 匹配前后转到渔业外二、三产业渔户和未转产
转业渔户倾向得分的经验密度

匹配，ATT 估计结果均为正，但均未在统计上通过显著性检验，表明在消除了样本间可观测的系统性差异后，转到渔业外二、三产业对渔户家庭福利的影响不显著。

表 7 – 5　　转到渔业外二、三产业渔户福利效应的 PSM 估计结果

匹配方法	处理组	控制组	ATT	标准差	T 值
最近邻居匹配（1:1）	5.9642	5.4116	0.5526	1.0172	0.54
最近邻居匹配（1:4）	5.9642	5.5859	0.3783	0.7097	0.53
半径比配	5.926	5.3956	0.5303	0.6726	0.79
核匹配（宽域 = 0.06）	5.9589	5.3293	0.6296	0.7112	0.89
局部线性匹配	5.9975	5.3073	0.6902	0.8181	0.84
平均值	5.9622	5.4059	0.5562		

四、结果分析

本节采用 PSM 方法估计了渔户转产转业到不同行业部门带来的福利水平差异。可以看出，渔户转到海水养殖业的家庭福利值（ATT）最大，为 1.4921；转到渔业第三产业的渔户家庭福利值（ATT）其次，为 1.3484；转到渔业第二产业的渔户家庭福利值（ATT）排在第三位，为 1.2684；转到渔业外二、三产业的渔户家庭福利值（ATT）最低，为 0.5562，且未通过显著性水平检验。这表明与未转产转业渔户相比，转到海水养殖业的渔户家庭福利改善最多，而转到渔业外二、三产业的渔户家庭福利改善不明显。原因在于：

（1）海水养殖业是指渔民利用浅海、滩涂、港湾、围塘等海域，采用饲养、人工孵化等手段，放养自然生成或人工繁育的海洋动植物种苗，通过"耕海牧渔"方式生产海洋动物性和植物性水产品的社会生产活动。随着海洋渔业资源的衰退，政府鼓励捕捞渔民"弃捕转养"。从图 7 – 8 可以看出，1990 ~ 2017 年间我国海水养殖产量从 162.35 万吨增加到 2000.70 万吨，增长了 11.32 倍；海水养殖业专业从业人数从

25.71 万人增加到 91.03 万人，增长了近 2.55 倍，海水养殖业为渔民转产转业提供大量就业岗位。本书问卷调查结果也显示，31.79% 的渔户选择转移到海水养殖业。对于世代与海洋打交道的渔民来说，第一，渔户从事海水养殖业，可以充分发挥自身熟悉水性及捕捞的技术优势，减少因行业转换带来的心理压力。第二，养殖鱼、虾、贝、藻及海参、鲍鱼等海珍品，为渔民带来较为客观的收益，有助于提升渔户家庭收入，优化家庭消费结构，提高渔户家庭成员的人力资本水平，改善居住条件。第三，海水养殖业具有明显的"渔闲"和"渔忙"。一方面，渔民利用"渔闲"时节进行兼业，提高家庭工资性收入；另一方面，"渔闲"时节有助于渔民增加闲暇时间消费，提升福利水平。

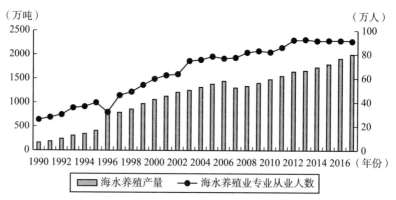

图 7-8 1990~2016 年我国海水养殖产量和从业人数变化趋势

资料来源：1991~2017 年《中国渔业统计年鉴》。

（2）渔业第三产业是指海洋渔业流通与服务业，包括水产品流通业、水产运输与仓储业、休闲渔业及其他相关产业。问卷调查结果显示，从事渔家乐的渔户样本占总样本的比重是 9.27%，可以看出，以渔家乐表征的休闲渔业为渔户转产转业提供了重要途径。第一，休闲渔业属于劳动密集型产业，吸纳渔民再就业的能力强，这是海水养殖业、渔业第二产业及其他正规产业所难以比拟的。第二，发展休闲渔业可以最大限度利用废弃渔船、渔具等设施，降低渔户转产转业成本。第三，休闲渔业旨在为游客提供舒适的环境、娱乐设施，因而对渔村道路、环境等要求较高。为了发展休闲渔业，渔户家庭完善居住条件，环境整治，美化家园。第四，休闲渔业除涉及休闲、娱乐外，还涉及科普、诚信、文明礼仪、服务等现代文明因素。渔民从事休闲渔业需要具备较好的文化素养，提高了渔民的文化素质，改善渔民生产生活方式。

（3）渔业第二产业是指渔业工业和建筑业，包括海洋水产品加工、渔具制造、饲料业、建筑业及其他相关产业。问卷调查结果显示，从事水产品加工业的渔户样本占渔业第二产业渔户样本的90%，表明选择渔业第二产业进行转产转业的渔户倾向于水产品加工业。一是水产品加工业属于劳动密集型产业，需要充足的劳动力资源，这为渔户转产转业提供了就业机会。二是水产品加工业属于原料地指向性产业，对原料的鲜活性和易腐性要求较高，因此大部分水产品加工企业分布在渔港周围，部分企业位于渔村附近，这一空间分布特点极大地节省了渔民转产转业的时间成本、交通成本、信息成本等。这种依托水产品加工企业采取"离渔不离乡，进厂不进城"的转产转业模式受到渔民的青睐。

（4）渔业外二、三产业主要包括建筑业、工业、服务业等。大部分渔村地处偏远的沿海地区，渔户虽然尝试进入城镇转产转业，但即使在城镇实现就业，受城乡二元经济结构、渔民自身文化素质低等影响，渔民难以在正规行业实现稳定就业，难以享受到与市民同等的公共服务，谈不上住宅条件的改善、医疗资源的享用及教育投资等，渔民转移到渔业外二、三产业对家庭福利的改善作用并不明显。

五、渔户主观判断维度的统计分析

1. 渔户转产转业到海水养殖业福利水平主观评价

表7-6是渔户转产转业到海水养殖业的总体福利效应主观评价。图7-9是渔户转产转业到海水养殖业的具体福利效应主观评价，从中可以看出，在就业、家庭收入、食物消费及住宅条件四个方面，转产转业渔户选择"比以前好"的比重分别为96.36%、90.91%、89.09%、

81.82%，排在前四位，表明渔户由海洋捕捞业转到海水养殖业后，上述福利均得到明显提升。选择"比以前好"的渔户样本占比排在后三位的是医疗、健康、居住环境等福利，分别为25.45%、30.91%、44.55%。选择"和以前一样"的渔户样本占比排在前三位的是医疗、健康、居

表7-6　　渔户转产转业到海水养殖业的总体福利效应主观评价　　单位：%

项目	"比以前差"占比	"和以前一样"占比	"比以前好"占比
家庭收入	1.82	7.27	90.91
就业	0.00	3.64	96.36
健康	6.36	62.73	30.91
医疗	11.82	62.73	25.45
食物消费	0.91	9.09	89.09
教育	2.73	22.73	74.55
住房条件	1.82	16.36	81.82
居住环境	2.73	52.73	44.55
平均值	3.52	29.43	66.93

资料来源：根据调研问卷整理而得。

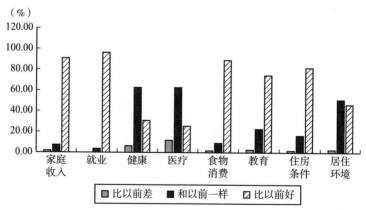

图7-9　渔户转产转业到海水养殖业的具体福利效应主观评价

资料来源：根据调研问卷整理而得。

住环境，分别是 62.73%、62.73% 和 52.73%，均超过半数，表明渔户从海洋捕捞业转到海水养殖业后，上述三方面的福利并没有明显改善。选择"比以前差"的渔户样本占比，除在医疗方面大于 10% 外，其余均低于 10%，表明仅有小部分渔户转到海水养殖业后，家庭福利水平下降。

2. 渔户转产转业到渔业第二产业的福利水平主观评价

表 7-7 是渔户转产转业到渔业第二产业的总体福利水平主观评价，图 7-10 是渔户转产转业到渔业第二产业的具体福利水平主观评价，从中可以看出，选择"比以前好"的渔户样本占比排在前三位的是住房条件、居住环境及就业，分别为 82.98%、80.85%、70.21%，排在后两位的是健康和医疗，表明与转产转业前相比，转到海洋渔业第二产业的渔户在住房条件、居住环境和就业方面的福利改善较多，健康和医疗福利改善较少。选择"和以前一样"的渔户样本占比排在前三位的是健康、医疗和教育，分别是 48.94%、44.68% 和 34.04%，选择"比以前差"的渔户样本占比中，除在收入方面这一比值超过 20% 外，其他方面福利变差的渔户样本占比均较小。

表 7-7　渔户转产转业到渔业第二产业的总体福利水平主观评价　单位：%

项目	"比以前差"占比	"和以前一样"占比	"比以前好"占比
家庭收入	23.40	14.89	61.70
就业	0.00	29.79	70.21
健康	6.38	48.94	44.68
医疗	6.38	44.68	48.94
食物消费	4.26	27.66	68.09
教育	2.13	34.04	63.83
住房条件	0.00	17.02	82.98
居住环境	0.00	19.15	80.85
平均值	5.32	29.52	65.16

资料来源：根据调研问卷整理而得。

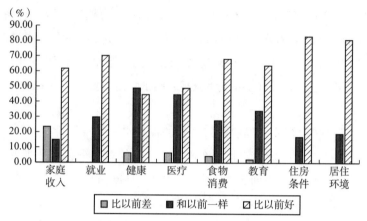

图 7 – 10 渔户转产转业到渔业第二产业的具体福利水平主观评价

资料来源：根据调研问卷整理而得。

3. 渔户转产转业到渔业第三产业的福利水平主观评价

表 7 – 8 是渔户转产转业到渔业第三产业的总福利水平主观评价，图 7 – 11 是渔户转产转业到渔业第三产业的具体福利水平主观评价，从中可以看出，选择"比以前好"的渔户样本占比排在前三位的是就业、

表 7 – 8　　渔户转产转业到渔业第三产业的总福利水平主观评价　　单位：%

项目	"比以前差"占比	"和以前一样"占比	"比以前好"占比
家庭收入	2.63	2.63	94.74
就业	0.00	0.00	100.00
健康	0.00	13.16	86.84
医疗	0.00	15.79	84.21
食物消费	0.00	0.00	100.00
教育	0.00	2.63	97.37
住房条件	0.00	0.00	100.00
居住环境	0.00	2.63	97.37
平均值	0.33	4.61	95.07

资料来源：根据调研问卷整理而得。

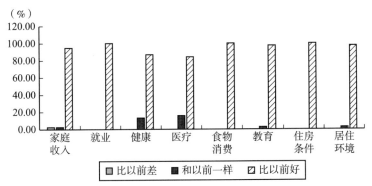

图 7 – 11　渔户转产转业到渔业第三产业的具体福利水平主观评价

资料来源：根据调研问卷整理而得。

食物消费及住宅条件方面的福利，家庭收入、居住环境和教育福利改善排在第 4~6 位，表明与转产转业前相比，转到海洋渔业第三产业的渔户家庭在就业、食物消费、住宅条件、家庭收入、居住环境和教育等方面福利水平均有显著的提高。选择"和以前一样"的渔户样本占比均较低。选择"比以前差"的渔户样本占比，除家庭收入福利外，其他福利均未出现比以前差的情况，表明转到海洋渔业第三产业可以明显改善渔户家庭福利。

4. 渔户转产转业到渔业外二、三产业的福利水平主观评价

表 7 – 9 是渔户转产转业到渔业外二、三产业的总福利水平主观评价，图 7 – 12 是渔户转产转业到渔业外二、三产业的具体福利水平主观评价，从中可以看出，选择"比以前好"的样本渔户占比排在前三位的是住房条件、食物消费和教育福利，分别是 71.43%、65.48% 和 63.10%。选择"和以前一样"的渔户样本占比，除健康和医疗福利外，其余均低于 40%。选择"比以前差"的渔户样本占比除家庭收入达到 16.67% 外，其余方面的家庭福利占比较低。

表7-9　渔户转产转业到渔业外二、三产业的总福利水平主观评价　单位：%

项目	"比以前差"占比	"和以前一样"占比	"比以前好"占比
家庭收入	16.67	23.81	55.95
就业	10.71	39.29	46.43
健康	7.14	41.67	47.62
医疗	7.14	40.48	48.81
食物消费	5.95	25.00	65.48
教育	1.19	32.14	63.10
住房条件	0.00	25.00	71.43
居住环境	1.19	34.52	60.71
平均值	6.25	32.74	57.44

资料来源：根据调研问卷整理而得。

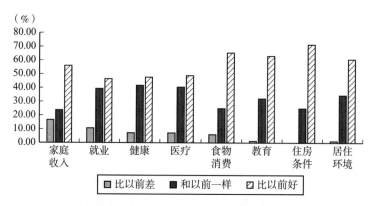

图7-12　渔户转产转业到渔业外二、三产业的具体福利水平主观评价

资料来源：根据调研问卷整理而得。

第三节　小　结

本章分别从渔户是否受过职业技能培训和转移到不同行业类型两方

面考察渔户转产转业福利效应的异质性。从渔户是否受过职业技能培训角度看，研究发现，是否参加转产转业培训对渔户家庭福利水平影响不显著，这主要是由于培训自身存在的组织与考核方式弊端、转产转业培训供求错位、供给不足等原因导致。从渔户转产转业到不同行业类型角度看，转产转业到海水养殖业的渔户家庭福利值（ATT）最大，为1.4921，表明渔户福利改善最多；转到渔业第三产业的渔户家庭福利值（ATT）其次，为1.3484；转产转业到渔业第二产业的渔户家庭福利值（ATT）排在第三位，为1.2684；与未转产转业渔户相比，转到渔业外第二、三产业的渔户家庭福利效应不明显。

第八章

对策建议

渔户转产转业是基于海洋渔业资源匮乏,旨在提高渔户家庭福利而推动实施的一项系统惠民工程。转产转业涉及渔户、社区、企业和政府等多个利益相关者,破解渔户转产转业困境、改善渔户家庭福利的关键是要正确厘清各个角色的定位,按照"政府主导、企业支持、社区推动、渔户参与"的思路,将渔户、社区、企业和政府形成合力,致力于提高渔户家庭福利水平(见图8-1)。

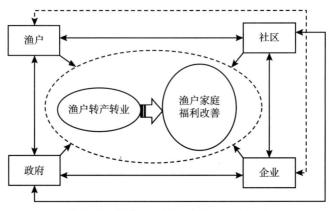

图8-1 渔户、社区、企业和政府关系

第一节 政府层面

转产转业具有明显的外部性,仅依靠市场机制难以推进,政府介入具有必然性。政府作为渔户转产转业的参与者,应根据所在地区的经济社会发展情况,做好顶层规划,为渔户转产转业提供有效服务,切实保障渔户家庭福利(见图8-2)。

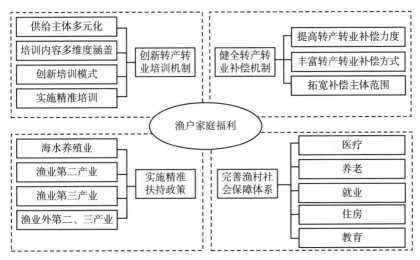

图8-2 政府层面示意

一、健全转产转业补偿机制

第四章实证结果显示,尽管补贴显著提升了渔户转产转业的意愿,但对转产转业行为影响不明显。主要原因在于,当前我国转产转业补贴存在补偿方式不合理、补偿金额较少、补偿方式单一、补贴范围偏窄等问题。为此,要完善转产转业补贴机制,充分发挥补贴对转产转业的促进作用,提高转产转业渔户家庭福利水平。第一,提高渔户转产转业的补贴力度。支持金融机构对转产转业渔户提供低息或无息贷款,降低转产转业成本。第二,丰富转产转业补偿方式。由于不同年龄段渔民就业技能存在差异,补偿方式的多元化有利于激发渔民就业或创业的积极性,保障渔户家庭福利。例如,对于年轻渔民,实行以经济补偿为主、非经济补偿为辅的方式,帮助其就业或创业。对于年龄较大的渔民，实行以非经济补偿为主、经济补偿为辅的方式，侧重于医疗、养老等方面的长期补偿。第三，拓宽转产转业补偿主体范围。当前，我国渔船报废补贴对象主要以船老大为主，未考虑以打工形式从事捕捞业的渔民。建议不仅对报废渔船所有人实施补贴外，而且给予在渔船上打工的渔民补贴。有条件的地方为转产转业渔民提供完善的养老补助。

二、创新技能培训机制

本书第七章第一节实证结果显示，是否参加技能培训对渔户家庭福利影响不明显。这主要是由于转产转业培训本身具有的弊端及培训供给不足导致。为此，应将渔民技能培训作为一项系统工程，健全技能培训机制。

第一，推动培训供给主体多元化参与。技能培训是针对渔民开展的基础性培训，培训内容和培训供给主体应是多元化的。一方面，如果仅依靠政府，会导致培训供给主体的单一性，难以实现充分供给；另一方面，政府、市场及其他非营利机构等单一供给容易引发"政府失灵""市场失灵"等问题。因此，应完善技能培训的治理结构，探索实施培训的多中心治理机制，实行相关主体的多元化参与，提高转产转业培训供给的质量和效率。多中心治理可以有效消除公共产品供给中单一主体和绝对权威的存在，避免因不完全竞争、信息不对称及有限理性等带来的供给与意愿的偏离，实现相关参与者在培训中相互关系的整合。首先，建立转产转业培训联席会议制度，协调上下级政府之间的关系，发挥政府部门在统筹规划、宏观指导、培训监控、培训经费等方面的作用；其次，发挥行业协会、非营利机构等在需求分析、培训内容、培训效果评价等方面的作用，建立转产转业渔民信息数据库。再次，在受训者、培训机构、企业之间搭建桥梁，鼓励培训机构与劳动力市场需求相结合，同时发挥企业在转产转业培训中提供场地、师资、接收受训者就业等优势。最后，鼓励企业根据用工需求，对渔民开展订单培训，提高渔民的就业能力。

第二，实现培训内容的多维度涵盖。渔民普遍缺乏其他就业技能，文化素质较低，一旦离开捕捞业，家庭会失去经济来源。此外，渔民在生活和就业中因缺乏相关法律法规，自身权益经常得不到保障，家庭福利经常受损。因此，转产转业培训内容应该是多维度的，不仅要包括基本的就业技能，而且要涉及价值观、法律法规等内容，增加渔民在就业、维权等方面的能力。

第三，创新培训模式。培训的关键内容是"按需培养"。实际操作中，转产转业培训应以市场需求为导向，以内容的实用性为基准，创新培训模式。首先，实行多元化培训模式。当前我国转产转业培训以政府培训为主，这种单一的培训模式暴露出较多问题，今后应实行以企业培训为主、政府培训为辅、其他培训模式兼顾的多元化培训方式。其次，实施分段式培训模式。调研发现，不少渔民希望通过转产转业改变现有生活状况，参加相关培训的意愿较高。但由于培训时间安排不合理、培训时间不固定，真正坚持参加技能培训的渔民数量不多，出现了"积极性高、参加率低"的现象。为此，可采用分段式培训模式，利用渔民的闲暇时间进行培训，保证渔民培训时间的连续性，减少渔民参加培训的机会成本。

第四，实施精准培训。第六章及第七章实证结果显示，渔户转到不同行业后的家庭福利变化不同。鉴于此，政府应充分考虑不同行业的特点及渔民自身性别、年龄等差异，依据差异需求选择相应的培训内容，增加培训效果。一是对转到不同行业的渔户开展不同的培训内容。对于二、三产业的渔民，应依据不同行业、不同岗位对技术要求的差异，有针对性地开展相关培训。例如，开展家政、餐饮、运输等服务型培训。对于在渔业内二、三产业就业的渔民，应开展水产品营销、水产品加工及渔船修理等相关技能培训。二是针对不同年龄段的渔民实施不同的培训内容。支持年轻渔民进入技术学校学习，接受现代产业必备的一些技能培训，包括先进的海水养殖技术、水产品加工技术、企业经营管理技术等，将年轻渔民培养成现代渔业发展的中坚力量。对于中年渔业劳动力，要重点培养其捕捞技术之外的第二技能，鼓励其进入休闲渔业、服务业等渔业及非渔业第三产业。对于年龄较大的渔业劳动力，利用其在渔村的良好威信，支持其对海洋渔业资源保护、转产转业宣传等做出努力，或进入渔业社区做保障工作等。

三、落实精准扶持政策

渔户转到海水养殖业、渔业二、三产业和渔业外二、三产业，不仅符合产业结构演化和劳动力迁移的一般规律，而且与海洋渔业发展趋势具有一致性，是改善渔户家庭福利的有效方式。本书第七章实证结果显示转到不同行业的渔户家庭福利变化具有异质性。因此，有必要从不同行业出发，制定完善的产业扶持政策，以充分发挥各行业改善渔户家庭福利的作用。

第一，海水养殖业。本书第七章第二节第二部分实证分析结果显示，转到海水养殖业的渔户家庭福利效应明显高于未转渔户。进一步对比转到海水养殖业、渔业第二产业、渔业第三产业及渔业外二、三产业的渔户家庭福利效应，转到海水养殖业的渔户家庭福利明显高于转到其他行业的渔户家庭福利。尽管如此，随着工业化、城镇化的快速发展，海水养殖业也逐步暴露出一些问题。一方面，近海海域、滩涂等养殖区域由于超容量养殖，部分水体出现水域富营养化，生态环境破坏严重，适宜养殖的空间逐渐缩小。若继续鼓励渔户转到海水养殖业，可能会面临"无海域可转"的现象。另一方面，随着养殖规模和养殖密度的持续加大，养殖病害呈加重趋势，不明原因的病害种类增多，一些甲鱼、鳗鲡等名优高值品种受灾严重。部分渔户也反映一旦发生病虫害，通常整片海域会损失严重，严重影响到渔户家庭福利。因此，为继续发挥海洋养殖业在提升渔户家庭福利方面的作用，政府应从以下方面合理规划和引导海水养殖业的发展。一是给予渔户相应的优惠政策。优先为转产转业渔户安排海域滩涂，给予渔机具补贴及减免海域使用金、税收等优惠政策。特别是对于从事深水网箱养殖的渔户，要从资金、技术、人员等方面给予扶持。二是引导渔户实行健康养殖。推广健康养殖方式,为渔户提供养殖病害的监测和药物残留检测服务,实现海域到餐桌的全过程质量监管,提高产品质量。三是支持渔户采用改进的养殖技术。依托各地区渔业技术推广站,采用广播、培训班、手机短信、宣传栏等形式向渔民宣传先进的养殖技术,鼓励渔户采用科学的养殖技术,优化养殖结构,降低病害的发生,防止水域生态失衡,收获经济效益、社会效益和生态效益。四是提高养殖的机械化、自动化水平。支持和鼓励渔户采用先进的养殖设施,提高海水养殖的机械化、自动化水平,提高渔业劳动生产率,降低劳动强度,提高渔民的时间配置效应,提升渔户家庭福利水平。

第二,渔业第二产业。本书第七章第二节第二部分实证分析结果显示,转到渔业第二产业的渔户家庭福利效应明显高于未转渔户。进一步对比转到海水养殖业、渔业第二产业、渔业第三产业及渔业外二、三产业的渔户家庭福利效应,转到渔业第二产业的渔户家庭福利改善排在第三位。实际调研发现,大部分渔户将渔业第二产业作为转产转业的重要方向,特别是水产品加工业已成为渔户转产转业的重要渠道。尽管如此,水产品加工业在推动渔户转产转业、改善渔户家庭福利方面仍然存在较多问题。其中,最主要的是水产加工业自身发展面临的问题,包括产业链短,加工、流通及相关产业发展滞后,以初加工产品为主,高附加值产品少,效益低等问题。为此,政府应从以下方面加强引导与支持,切实提高海洋渔业第二产业在改善渔户家庭福利方面的作用。一是提高水产品精深加工程度,提升行业经济效益。鼓励企业引进、消化、吸收新技术、新工艺,提高水产品精深加工程度,优化水产加工品结构,提高产品附加值,提高经济效益。二是鼓励水产品加工企业优先吸纳面临转产转业的渔民。支持水产加工企业对渔民开展技术培训,提高渔民职业技能和职业素养,完善转产转业渔民就业保障体系,提高渔民的就业"获得感"。三是鼓励企业以合伙、入股、自营等方式吸纳渔民。支持渔民以合伙、入股、自营等方式进入水产品初加工、冷冻等行业,利用水产品市场、港口码头等优势资源,开拓销售市场，开展水产品推销中介，进行鲜活及干水产品等经营，实现再就业，提高家庭福利水平。

第三，渔业第三产业。本书第七章第二节第二部分实证分析显示，转到渔业第三产业的渔户福利效应明显高于未转产转业渔户，对比转到海水养殖业、渔业第二产业、渔业第三产业及非渔业二、三产业渔户家庭福利，转到渔业第三产业的渔户家庭福利排在第二位，这表明渔业第三产业是改善渔户家庭福利的重要方式。调研中发现，在渔业第三产业中，休闲渔业是渔户转产转业的主要方向。为此，应大力发展渔业第三产业，着力提高休闲渔业的比重，继续发挥该产业在改善渔户家庭福利方面的作用。首先，加强顶层设计。政府应制定相应的发展规划，对粗放、雷同的休闲渔业项目进行整合，通过市场引导、政府推动、政策扶持，科学规划，合理布局，提高休闲渔业质量和水平。其次，加大资金支持力度。资金缺乏是休闲渔业发展的主要瓶颈，仅靠渔户自我积累难以发展。调研过程中发展，不少渔户由于资金缺乏对休闲渔业望而却步。政府应加大财政扶持力度，建立休闲渔业发展基金、专项基金等，对土地、水域等生产要素给予优先安排，减免税收、土地租金等。此外，为发展休闲渔业的渔户与金融机构之间牵线搭桥，鼓励金融机构给予渔户低息或免息贷款，支持社会资本进入休闲渔业，帮助渔户转产转业。最后，完善休闲渔业发展的相关配套服务和基础设施，对从事观光休闲和游钓渔业的渔船进行严格审批，确保航行安全，减少安全事故的发生。

第四，渔业外二、三产业。本书第七章第二节第二部分实证分析结果显示，与未转产转业渔户相比，转到非渔业二、三产业的渔户家庭福利改善不明显。其原因不仅与渔民自身缺乏专业技能有关，而且与非渔业二、三产业存在较多问题有关。特别是受城乡二元经济结构影响，渔户在就业、社会保障、基础设施等方面权益难以得到保障。为此，应着力完善非渔业二、三产业，尽快发挥其在改善渔户家庭福利方面的作用。首先，大力发展劳动密集型产业。针对渔村资本相对稀缺、劳动力资源丰富的要素禀赋特点，大力发展劳动密集型产业，吸纳渔民就业。

根据产业梯度转移规律，通过税收、信贷等手段，鼓励大中城市中技术含量较低、劳动密集型传统工业部门向小城镇及渔村密集的城镇郊区转移，拓宽渔民的就业空间，渔民实现就地转产转业，从而减少渔民与亲人分离带来的相思之苦，改善渔户家庭福利水平。其次，破除城乡二元经济结构。加快户籍制度改革，破除城乡二元分割的社会经济结构，降低因户籍差异带来的就业、教育、社会保障等社会功能的差异。放宽渔民进城落户限制，逐步实现渔民在享受市民待遇、就业求职、权益维护、社会保障、子女受教育等方面的权益。鼓励转产转业渔户到郊区卫星镇落户，实现"离土离乡，进城进厂"。

四、完善渔村社会保障体系

目前，渔村社会保障体系不健全是我国渔户转产转业的主要制度障碍。转产转业对于捕捞渔户来说具有一定的不确定性，家庭收入、消费等均会发生相应的变化，进而影响家庭福利。因此，有必要完善渔村社会保障体系，降低渔户转产转业的风险，改善渔户家庭福利。

第一，完善医疗保险制度。按照"政府补贴为主，个人缴纳为辅"的原则，逐步完善医疗保险制度。加大资金支持力度，从海域使用金或涉海企业缴纳的税金中划拨一定比例作为对渔民的支持，提高渔民看病的报销标准和报销比例，扩大大病统筹范围，简化报销程序。加大政府对渔村公共医疗的投入，建立城乡一体的公共卫生预警机制。在实施新型农村合作医疗保险制度的基础上，推动针对渔民的大病统筹保障制度建设。对于转到城镇的渔民，支持其参与城镇医疗保险。对收入尚不稳定的渔民，设立与城镇医疗服务机构相对应的渔民医疗服务机构，作为对新型农村合作医疗保险的补充，减少渔民转产转业后的医疗后顾之忧。

第二，创新养老保险形式。按照"个人缴纳为主、企业辅助为辅、政府给予政策支持"的基本原则，创新养老保险形式。对于在城镇有相对稳定职业、相对固定住所的渔民，在继续享有新型农村社会养老保险的基础上，将其纳入城镇养老保险体系，享受城镇职工基本养老保险。对于在城镇具有相对稳定职业、没有固定住所，但转为城镇户口的渔民，鼓励他们积极参与城镇养老保险体系。对于转到二、三产业的渔民，实行单位与个人共同承担、与城镇无差别的养老保险制度。对于转到海水养殖业的渔民，鼓励他们积极参与多种形式的养老保险。

第三，严格落实渔民失业保险制度和工伤保险制度。加强失业保险和工伤保险的强制执行力度，对渔民实行与城镇居民无差异的失业和工伤保险。若渔民发生再次失业或出现工伤事故，由当地社保机构根据参加保险的时间长度，享有同城镇劳动力相同的保险待遇。政府应适时提供就业机会，有条件的地方将转产转业渔民纳入城镇失业保险制度体系内。

第四，鼓励有条件的单位和个人参与住房公积金制度。允许个人积累的公积金用于购房或支付房租。捕捞渔民异地转产转业后面临的是居住问题，面对城市高昂的房价，大部分渔民难以支付，只能租住价格低廉的商品房。因此，政府应鼓励用工单位针为转产转业渔民设立公积金，用于渔民住房补贴。

第二节　企业层面

涉海企业在使用近海海域过程中，以牺牲海洋渔业资源及海洋生态环境为代价，获得经济利益。涉海企业除缴纳相应的税费外，应该承担起帮助渔户转产转业的社会责任。调研中发现，企业是带动渔户转产转业的重要渠道。第四章实证分析结果也显示，本村有企业显著提升了渔户转产转业的意愿。然而，目前不少企业尚未认识到自身应当承担的社会责任，在吸纳渔民就业时存在一些问题。因此，企业应逐步完善吸纳转产转业渔民的就业机制，帮助渔户顺利转产转业（见图 8 - 3）。

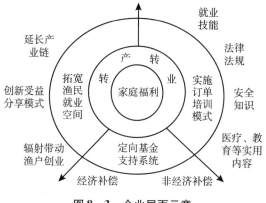

图 8 - 3 企业层面示意

一、拓宽渔民就业空间

企业是渔户转产转业优先选择的重要方式。企业应以技术和商业模式创新为动力，实行一、二、三产业融合发展，打造根植于渔村、彰显乡村价值的产业体系，培育新产业、新业态，吸纳更多的渔民就业。一是延伸产业链。实施水产品加工业提升行动，支持水产品生产加工、综合利用关键技术研究与示范，推动初加工、精深加工、综合利用加工协调发展，实现水产品多层次、多环节转化增值，吸引更多渔民就业，与渔民同步受益。二是积极创新收益分享模式。对于转到海水养殖业的渔户，实行以"订单收购＋分红"的模式保障养殖水产品及时销售，提高渔户收益；对于转到二、三产业的渔户，实行"转产转业＋优先雇用＋社会保障""渔户入股＋保底受益＋按股分红"等多种形式吸纳渔民，让渔户分享企业收益。三是辐射带动渔户就业或创业。培育起点高、规模大、带动能力强的渔业龙头企业，完善"龙头企业＋基地＋渔户"生产经营模式，发挥龙头企业辐射带动作用，促进产业化经营和渔民增收，发挥企业对渔户的辐射带动作用，推动渔户与企业共同开展生产活动，让渔户更多地分享产业链增值收益。

二、实施"订单培训"模式

本书第七章第二节第二部分实证研究结果显示，转到渔业外二、三产业的渔户家庭福利改善不明显，转到海洋渔业第二产业的渔户家庭福利改善低于转到海水养殖业和海洋渔业第三产业的渔户。很重要的一个原因是渔民自身素质较低，从事的工作主要处于行业的底层，就业环境差，增收难度较高，渔民就业权益得不到保障，进而影响到渔户家庭福利的改善。为此，企业应根据对劳动力的需求，依托培训机构，实施"订单培训"模式。该模式是由用工单位配单，培训机构接单，双方签订劳务输出合同，实行定向培训的一种"订单+就业"模式。此模式中，企业与培训机构相结合，按照事先设计的培训内容，通常包括就业技能、法律法规、安全知识、公民道德、医疗、教育等实用性内容，确保渔民培训与就业岗位相衔接，促进被培训对象快速掌握就业技能，更好地适应新的生产和生活方式。这种市场导向型的培训模式以就业为中心，为渔户转产转业提供就业渠道，减少渔户转产转业的盲目性，降低了渔户在搜寻新岗位过程中产生的间接成本。

三、建立定向基金支持系统

我国涉海企业通过围港建城、围填海、海底管线、大轮航线、涉海工程等方式挤占近海海域，一定程度上破坏了海洋生态环境，对渔民赖以生存的海洋渔业资源造成威胁，影响了渔民正常的生产生活方式。涉海企业理应对周围渔民提供经济补偿，特别是针对面临转产转业的捕捞渔民，应建立定向基金支持系统，降低渔户转产转业的沉淀成本，帮助渔民转产转业。此外，渔户转产转业是一项庞大复杂的系统工程，政府承担全部成本并不现实。企业作为近海资源的受益者，一定程度上应当承担渔户家庭的养老、医疗、住房及教育等部分成本，在渔村教育、住房、基础设施等方面给予相应的资金支持，同时结合非经济补偿方式降低渔民转产转业的成本，提高渔户家庭福利。

第三节 社 区 层 面

社区是组织渔户转产转业的主要推动者。因此，完善社区层面的相关对策有利于推动渔户转产转业，改善渔户家庭福利（见图 8 - 4）。

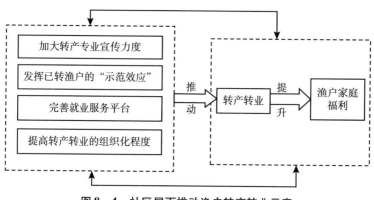

图 8 - 4 社区层面推动渔户转产转业示意

一、加大转产转业宣传力度

本书实证结果显示，转产转业对渔户家庭福利具有显著的正向效应，表明转产转业显著提升了渔户家庭福利。为此，社区应加大转产转业的宣传力度，让转产转业的直接受益者充分认识转产转业的积极意义，提高渔民对转产转业的主观规范，调动渔户转产转业的积极性。一方面，社区应广泛利用电视、网络、广播、宣传栏等多种形式，大力宣传转产转业的相关政策法规，避免捕捞渔民道听途说曲解政策的原意，提高渔户对转产转业的认知，使其认识到转产转业的必然性，减少转产转业的认知阻力。另一方面，社区应积极引导渔民转变思想观念，详细介绍转产转业可能给渔户家庭带来的显性和隐性福利，让渔民充分认识到转产转业改善家庭福利的重要作用，增强转产转业的自觉性。

二、发挥已转渔户的"示范效应"

对于新的选择行为，最先实施的个体面临的不确定性最大，而跟随者面临的不确定性相对较小。由于渔户对转产转业缺乏认知，对其不确定性心存疑虑。若渔户通过特定方式了解转产转业，可以有效降低渔户对转产转业的不确定性。一般而言，示范是减少个体对新事物不确定性的较好方式。本书实证结果显示，已转渔户对转产转业的意愿和行为具有显著的促进作用。为此，社区应充分发挥已转渔户对未转渔户的"示范效应"，提高渔户转产转业的积极性。一方面，社区要将已转渔户数量较多的渔村作为示范村，组织未转渔户以参观、学习的方式，提高渔民对转产转业的认知。另一方面，社区组织典型示范渔户以座谈会、举办讲座的形式，及时将社区的转产转业信息快速传达至渔户，促进渔户与社区之间的沟通，增进渔户对社区的信任，提高渔户对转产转业行为的采纳。此外，以渔村精英及能人为依托，充分发挥他们的示范效应，鼓励其带动其他渔户转产转业。

三、完善就业服务平台

当前，渔户主要靠亲朋好友帮带的方式实现转产转业，少数渔户通过中介组织实现再就业，部分渔民转产转业的意愿很高，但因缺乏就业信息难以顺利转产转业。为此，社区应完善渔民就业信息服务平台建设，系统全面地提供就业资讯，帮助渔户及时转产转业。一是依托就业服务平台，在保证信息真实可靠的情况下广泛搜集就业信息，社区以宣传栏、广播、网络等形式向渔民传递就业信息，为渔民提供就业信息服务，逐步建立统一、开放、有序的渔业劳动力市场。二是建立社区就业服务中心，搭建起渔户、企业和政府之间的桥梁，为用人单位和渔村劳动力就业提供洽谈的平台。三是按照"跟踪服务、多元选择、足不出村,一站办理"的原则,为转产转业渔户办理社保、医保、就业、创业等方面的服务。四是针对不同层次渔户家庭的不同需求,提供差异化的渔民就业服务。实施"一对一"就业援助,通过开发公益性岗位、免费职业介绍等措施帮助渔户转产转业。

四、提高转产转业的组织化程度

第四章实证结果显示,渔户转产转业的意愿很高,但由于缺乏统一组织等,难以顺利完成转产转业。针对渔户转产转业存在的盲目性特点,社区应立足市场,以巩固老基地、发展新伙伴的方式,积极开拓劳务市场,促进渔户转产转业有序实施。为此,一是成立渔村劳动力转移工作领导小组。负责渔户转产转业的组织协调、督办指导等工作。实行社区负责整体转产转业工作,渔村有转产转业带头人,形成"上下互动、各司其职、合力攻坚"的转产转业工作机制,提高渔户转产转业的组织化程度。二是发挥中介服务组织的引导作用。规范现有的信息、培训、咨询和职业介绍等服务机构,严厉打击发布虚假信息骗取钱财的非法中介组织,将脆弱的渔户与大市场相结合,提高渔户转产转业的组织化程度,保障渔民的合法利益。三是实行社区间的合作输出。由社区出面,与渔业劳动力输入地社区建立长期友好合作关系,签订劳务协议,合作开展劳务输出。四是以用人单位为依托,组建劳务派遣公司,组织渔民进入企业务工,配合用工单位共同管理,促进渔户有序转产转业。

第四节 渔户层面

渔户不仅是转产转业的实施主体,而且是转产转业的受益主体。渔民思想观念的转变和自身能力的提升是渔户实施转产转业的前提,更是提升渔户家庭福利水平的基础(见图8-5)。

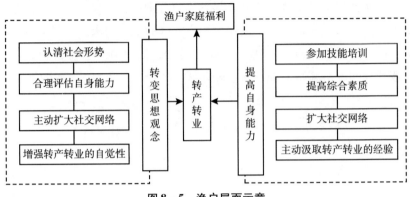

图 8 - 5　渔户层面示意

一、转变思想观念

受海洋捕捞业特点、渔村位置偏僻、信息闭塞等影响，渔户对海洋具有较强的依赖性，对当前社会整体架构认识比较模糊，思想观念陈旧，普遍存在"等、靠、要"思想，转产转业的积极性不高。为此，首先，渔民应充分利用电视、网络、广播、报刊等途径，认清社会形势，改变"辛辛苦苦养一年，不如轻轻松松捕一网"的传统观念，树立"渔村非渔化""走出蓝色国土，更能发家致富"的新观念。其次，要主动利用电视、广播、报刊等方式了解转产转业的相关信息，了解渔户在转产转业过程中享有的权益，增强转产转业的自觉性。再次，根据自身实际情况，合理评估自身能力，树立正确的"就业观"和"择业观"。最后，要主动扩大社交网络。渔民转产转业实际是生产生活方式的转变，由依靠海洋捕捞的单一生产生活方式转变为复杂的多元化生产生活方式，直接影响家庭福利变化，这要求渔民积极参加各种精神文化生活，扩大社交网络，适应现代化的多元生产生活方式。

二、提高自身能力

目前，我国渔民普遍存在就业技能缺乏、受教育程度低等问题，渔民转产转业的积极性不高。首先，渔民应积极参加各种类型的技能培训，提高自身就业技能及生活技能，提升接受新事物、适应新行业的能力。其次，积极参与涉及人际交往、经营理念等社会活动，扩大社会网络，充分利用社会资源，提高自身综合素质。再次，积极主动带动周围捕捞渔户转产转业，利用渔村特有的一些优势资源进行合伙创业，利用社区及政府对转产转业的相关优惠政策进行自主就业。最后，渔户要积极向转产转业成功的渔户汲取经验，避免在转产转业过程中走弯路，最大限度地改善家庭福利。

第九章

结论与展望

第一节　结　论

　　改革开放以来，我国海洋捕捞技术不断提高，渔业生产规模持续扩大。但是，海洋捕捞能力远超过渔业生物资源补充能力，海洋渔业资源不断衰退，海洋渔业可持续发展受到威胁。与此同时，政府连续出台多项政策旨在压缩近海捕捞产能，导致渔民纷纷失海。在此背景下，大量渔户选择转产转业。此后，关于渔民转产转业问题引起学者们的关注，取得了不少研究成果。通过文献梳理发现，目前我国渔户转产转业受哪些因素影响以及渔户转产转业对家庭福利带来何种影响尚未得到应有关注。显然，这与当前我国全面建设小康社会要求提高民生福祉不符。鉴于此，本书围绕"是什么""为什么""怎么样"的研究思路展开系统研究。在"是什么"的问题上，通过梳理涉海渔户转产转业相关研究文献及研究理论，界定相关概念的内涵；基于宏观统计数据和山东省五个地级市的第一手微观调研数据，分析了涉海渔户转产转业的宏观和微观特征，剖析了当前我国涉海渔户转产转业存在的问题。在"为什么"的问题上，分析了涉海渔户转产转业的影响因素。在"怎么样"的层面上，通过构建渔户家庭福利指标体系，采用倾向得分匹配法（PSM）构建"反事实"分析框架，评估了涉海渔户转产转业的福利效应。最后，从渔户、社区、企业和政府四个层面提出了相应的对策建议。本研

究得出的主要结论如下:

1. 选择转产转业的渔户数量持续增加,渔户个体层面呈现新特征,我国涉海渔户转产转业仍然存在较多问题

①通过对 1978 年以来我国涉海渔户转产转业的发展历程及宏观数据分析发现:1978~2000 年,我国海洋捕捞生产渔船数量处于不断上升状态,2000 年以后,处于不断下降趋势。海洋捕捞产量在 1978~1996 年间处于不断上升态势,在 1996 年之后逐步下降。海洋捕捞人数在 1978~2000 年间呈上升趋势,在 2000 年以后呈小幅下降趋势。②通过对山东省五个地级市第一手微观调研数据分析发现,转产转业的渔户家庭占据多数,转产转业渔户在户主和家庭资源禀赋以及转产转业地域、就业方向等方面表现出一些典型特征。③涉海渔户转产转业存在的主要问题表现在:渔民人力资本水平偏低;渔民就业观念陈旧;渔船资产专用性强;转产转业政策体系不健全;渔户社会保障不完善;转产转业的组织化程度较低。

2. 涉海渔户转产转业的意愿和行为分别受不同因素的影响

本书利用山东省五个地级市第一手微观调研数据,运用双变量Probit 模型分析了涉海渔户转产转业意愿和行为的影响因素,测算了相关因素对涉海渔户转产转业意愿和行为影响的边际效应。结果表明,渔户转产转业的意愿和行为之间呈高度正相关。回归结果显示:转产转业意愿对转产转业行为具有积极影响。具体来看,户主为男性的渔户转产转业意愿和行为的可能性更大;年龄、文化程度、健康水平、赡养老人、耕地、互联网、城镇购房对转产转业意愿和行为影响不明显;技能培训、社会网络、便捷的交通、良好的宏观经济环境均有助于提升渔户转产转业意愿和行为的概率。拥有企业的渔村,渔户转产转业的可能性更大;渔户从事捕捞的年代越长,进行转产转业的概率越低;二、三产业占比和转产转业补贴提高了渔户转产转业的意愿,但对行为影响不显著。

3. 构建渔户家庭福利指标体系,运用主成分分析法测算渔户家庭福利指数,不同地区渔户家庭福利存在差异

本书基于可行能力理论构建渔户家庭福利指标体系，运用主成分分析法测算渔户家庭福利指数。描述性统计分析结果显示，已转产转业渔户家庭福利水平高于未转产转业渔户家庭福利水平。从不同市域层面来看，威海和青岛市渔户家庭福利水平高于山东省平均水平，烟台、日照和潍坊市家庭福利水平均低于山东平均水平；威海市已转产转业渔户家庭平均福利水平最高，青岛位居第二，烟台、日照、潍坊分别排在后三位。

4. 转产转业对渔户家庭福利具有显著的正向效应

①考虑到样本可能存在的"自选择"问题，本书基于356个涉海渔户微观调研数据，运用倾向得分匹配法，构建"反事实"分析框架，评估渔户转产转业的福利效应。结果显示，转产转业对渔户家庭福利具有显著的正向效应，转产转业渔户家庭福利水平显著高于未转产转业渔户。②进一步选取住房条件、食物消费、医疗、教育等福利指标进行估计。结果表明，转产转业对食物消费、住房条件、教育三方面福利具有显著的正向影响，对医疗福利影响不显著。其中，转产转业对渔户家庭食物消费福利提升水平最大，其次是住房条件，教育福利排在第三位。

5. 涉海渔户转产转业的家庭福利效应存在异质性

①基于技能培训异质性视角下，运用倾向得分匹配法构造"反事实"分析框架，分析渔户转产转业的福利效应。结果表明，是否参加技能培训对渔户家庭福利影响不显著，主要是由于培训的组织与考核方式弊端、技能培训供求错位、供给不足等原因导致。②基于行业异质性视角下，运用倾向得分匹配法构造"反事实"分析框架，分析渔户转产转业的福利效应。结果表明，转到海水养殖业的渔户家庭福利改善最多，转到渔业第三产业的渔户家庭福利其次，转到渔业第二产业的渔户家庭福利排在第三位，转到渔业外二、三产业的渔户家庭福利改善不明显。

6. 从政府、企业、社区、渔户四个层面提出相应的对策建议

基于以上研究结论，本书从渔户、社区、企业、政府四个层面提出相应的对策建议。①在政府层面，要健全转产转业补偿机制；创新转产

转业培训机制；实施精准扶持政策；完善渔村社会保障体系。②在企业层面，主动拓展渔民的就业空间；尝试"订单培训"模式；建立定向基金支持系统。③在社区层面，要加大转产转业的宣传力度；发挥已转渔户的"示范效应"。完善渔民就业服务平台；提高渔户转产转业的组织化程度。④在渔户层面，要转变落后的思想观念；努力提升自身能力。

第二节 展 望

转产转业对涉海渔户家庭福利影响较大，且具有持续性。当前，关于涉海渔户转产转业的研究处于不断丰富和发展过程中，无论是相关理论研究还是实证研究有待进一步完善。本书主要从渔户转产转业的现状、影响因素及其福利效应等方面，通过较为严谨的理论和实证研究获取了一些研究成果，但受主观能力和客观资源的限制，不可避免存在一些缺憾。

在数据方面，在有限的研究期限内，笔者难以获取连续系统的渔户家庭福利相关数据。因此，在分析渔户转产转业的微观特征及福利效应时只能采用截面数据，缺乏对渔户家庭福利变动的系统观测。此外，被调查对象文化素质相对较低，对转产转业的认识有较大差别，难以准确把握问题的要义，导致部分数据存在一定偏差，对计量分析结果产生不可避免的影响。

在内容方面，渔户转产转业是一项复杂而庞大的工程，关系到渔户家庭生产、生活等诸多方面。本书初步基于行业视角，研究了转产转业对渔户家庭福利影响的异质性，未来需要持续跟踪渔户转产转业后的家庭福利情况，对比分析不同地区渔户家庭福利动态变化，进一步修正和完善提升渔户家庭福利水平的相关政策。

参 考 文 献

[1] 邴绍倩. 我国渔业劳动力城镇化迁移问题 [D]. 上海水产大学, 2004.

[2] 陈飞, 翟伟娟. 农户行为视角下农地流转诱因及其福利效应研究 [J]. 经济研究, 2015, 50 (10): 163 – 177.

[3] 陈可文. 中国海洋经济学 [M]. 北京: 海洋出版社, 2003: 96 – 97.

[4] 陈莹超, 林冠婷, 范昱涵. 山东省日照市渔民转产转业经济效益评估 [J]. 现代商贸工业, 2014 (9): 50 – 52.

[5] 陈璋玲. 渔民参与自愿性休渔的动机、阻碍及海域使用观念对参与意愿影响之研究 [J]. 高雄海洋科大学报, 2008 (23): 43 – 62.

[6] 储英奂. 我国沿海捕捞渔民转产转业容量的数学模型 [J]. 中国渔业经济, 2003 (6): 11 – 20.

[7] 褚荣伟, 张晓冬. 中国农民工消费市场解读——金字塔底层的财富 [J]. 经济理论与经济管理, 2011 (7): 34 – 46.

[8] 崔宝玉, 谢煜, 徐英婷. 土地征用的农户收入效应——基于倾向得分匹配 (PSM) 的反事实估计 [J]. 中国人口·资源与环境, 2016, 26 (2): 111 – 118.

[9] 董黎莉. 我国海洋渔民社会地位研究 [D]. 中国海洋大学, 2011.

[10] 董启锦, 高强, 侯培良. 沿海捕捞渔民转产转业分类补贴机制设计研究 [J]. 中国渔业经济, 2013, 31 (3): 35 – 39.

[11] 高进云, 乔荣锋, 张安录. 农地城市流转前后农户福利变化的

模糊评价——基于森的可行能力理论 [J]. 管理世界, 2007 (6): 45 -
55.

[12] 高进云, 乔荣锋. 土地征收前后农民福利变化测度与可行能
力培养——基于天津市 4 区调查数据的实证研究 [J]. 中国人口·资源
与环境, 2016, 26 (2): 158 - 161.

[13] 高进云, 周智, 乔荣锋. 森的可行能力理论框架下土地征收
对农民福利的影响测度 [J]. 中国软科学, 2010 (12): 59 - 69.

[14] 高梦滔, 姚洋. 健康风险冲击对农户收入的影响 [J]. 经济
研究, 2005 (12): 15 - 25.

[15] 龚群. 生活质量 [M]. 北京: 社会科学文献出版社, 2008.

[16] 关江华, 黄朝禧, 胡银根. 不同生计资产配置的农户宅基地
流转家庭福利变化研究 [J]. 中国人口·资源与环境, 2014, 24 (10):
135 - 142.

[17] 关江华, 黄朝禧, 胡银根. 基于 Logistic 回归模型的农户宅基
地流转意愿研究——以微观福利为视角 [J]. 经济地理, 2013, 33
(8): 128 - 133.

[18] 郭玲霞. 农地城市流转对失地农户福利影响及征地补偿研究
[D]. 武汉: 华中农业大学, 2012.

[19] 郭云南, 王春飞. 新型农村合作医疗保险与自主创业 [J].
经济学 (季刊), 2016 (4): 1463 - 1482.

[20] 韩杨. 1949 年以来中国海洋渔业资源治理与政策调整 [J].
中国农村经济, 2018 (9): 14 - 28.

[21] 贺聪志, 叶敬忠. 农村劳动力外出务工对留守老人生活照料
的影响研究 [J]. 农业经济问题, 2010, 31 (3): 46 - 53.

[22] 胡道玖. 可行能力: 阿马蒂亚·森经济伦理方法研究 [D].
苏州: 苏州大学, 2006.

[23] 胡定寰, 陈志刚, 孙庆珍, 多田稔. 合同生产模式对农户收
入和食品安全的影响 [J]. 中国农村经济, 2006 (11): 17 - 24.

[24] 华春林, 陆迁, 姜雅莉, 等. 农业教育培训项目对减少农业

面源污染的影响效果研究——基于倾向评分匹配方法 [J]. 农业技术经济, 2013 (4): 83 - 92.

[25] 黄季焜. 食品消费的经济计量分析 [J]. 数量经济技术经济研究, 1995 (2): 54 - 62.

[26] 黄蔚艳, 周宁. 当代渔民的角色转换——谈休闲渔业中渔民的主体定位 [J]. 渔业经济研究, 2005 (1): 33 - 37.

[27] 黄有光. 福利经济学 [M]. 北京: 中国友谊出版社, 1991.

[28] 蒋和胜, 费翔, 唐虹. 不同经济发展水平下集中居住前后农民的福利变化——基于成都市不同圈层的比较分析 [J]. 经济理论与经济管理, 2016 (4): 87 - 99.

[29] 蒋江林. 农村劳动力转移与产业升级的内生性关系的实证分析 [J]. 统计与决策, 2018, 34 (12): 128 - 131.

[30] 解垩. 健康对劳动力退出的影响 [J]. 世界经济文汇, 2011 (1): 109 - 120.

[31] 金永忠, 何竺柳, 唐舟凯, 鲍华江, 储张杰. 失海渔民转产转业培训研究 [J]. 安徽农业科学, 2016, 44 (27): 234 - 235.

[32] 居占杰, 郑方兵. 广东省渔民转产转业问题的思考 [J]. 改革与战略, 2010 (1): 97 - 99.

[33] 康子. 社会福利基础理论 [M]. 武汉: 华中师范大学出版社, 1998.

[34] 孔祥利, 粟娟. 我国农民工消费影响因素分析——基于全国28省1860个样本调查数据 [J]. 陕西师范大学学报 (哲学社会科学版), 2013, 42 (1): 24 - 33.

[35] 雷志刚, 沈彦. 农地城市流转微观福利效应研究——以长株潭城市群为例 [J]. 云南地理环境研究, 2015, 27 (1): 50 - 54.

[36] 李雅宁. 小额信贷客户福利研究 [M]. 北京: 中国经济出版社, 2014.

[37] 李志国, 张彩芬, 吴昌文. 浅谈象山县捕捞渔民转产转业的难点及对策 [J]. 现代渔业信息, 2008 (6): 18 - 20.

[38] 刘继同．就业与福利：欧美国家的社区就业理论与政策模式 [J]．欧洲，2002（5）：89 – 97.

[39] 刘伟．基于 WLS 的中国农民工消费影响因素分析 [J]．统计与决策，2011（13）：109 – 111.

[40] 刘志兵，梁洁，简寒梅．农民科技教育培训现状调查分析——来自江西宜春市袁州区慈化镇柘塘村的调查 [J]．成人教育，2011，31（4）：23 – 25.

[41] 冒佩华，徐骥．农地制度、土地经营权流转与农民收入增长 [J]．管理世界，2015（5）：63 – 74.

[42] 梅尔·巴特利．健康不均：理论、概念与方法，李妙纯等译，台北：五南图书出版股份有限公司，2009：73 – 120，108 – 109.

[43] 苗珊珊．粮食生产技术进步的农户福利效应分析 [J]．科技管理研究，2016，36（1）：119 – 124.

[44] 聂鑫．农地城市流转中失地农民多维福利影响因素和测度研究 [D]．武汉：华中农业大学，2011.

[45] 宁光杰，尹迪．自选择、培训与农村居民工资性收入提高 [J]．中国农村经济，2012（10）：49 – 57.

[46] 彭开丽，张鹏，张安录．农地城市流转中不同权利主体的福利均衡分析 [J]．中国人口·资源与环境，2009，19（2）：137 – 142.

[47] 戚瑞双．居住福利研究综述 [J]．价值工程，2018，37（25）：280 – 283.

[48] 秦晖．政府与企业以外的现代化——中西公益事业史比较研究 [M]．杭州：浙江人民出版社，1999.

[49] 任爱珍．试论海洋渔业资源产权的地方化 [D]．浙江大学，2004.

[50] 尚雨．基于社会经济视角的农户土地流转影响因素与效率研究 [D]．湖南农业大学．

[51] 石冠峰，王爱华．领导——成员匹配、家庭情感支持与员工创造力激发 [J]．现代财经（天津财经大学学报），2016（10）：39 – 48.

［52］史晋川，王维维．互联网使用对创业行为的影响——基于微观数据的实证研究［J］．浙江大学学报（人文社会科学版），2017，47（4）：159－175．

［53］宋立清．中国沿海渔民转产转业问题研究［D］．中国海洋大学，2007．

［54］孙吉亭，孟庆武．中国渔业剩余劳动力转移成因分析及对策研究［J］．中国渔业经济，2008（1）：19－24．

［55］唐孝威．统一框架下的心理学与认知理论［M］．上海：上海人民出版社，2007．

［56］陶顺君，同春芬．山东半岛沿海渔民转产转业的路径选择［J］．渔业经济研究，2010（1）：25－30．

［57］田国强，杨立岩．对"幸福—收入之谜"的一个解答［J］．经济研究，2006（11）：4－15．

［58］同春芬，黄艺．我国海洋渔业转产转业政策导致的双重困境探析——从"过度捕捞"到"过度养殖"［J］．中国海洋大学学报（社会科学版），2013（2）：1－7．

［59］王春蕊．"三联动"：沿海开发进程中渔民转产转业的路径［J］．未来与发展，2013（7）：57－60．

［60］王德文，蔡昉，张国庆．农村迁移劳动力就业与工资决定：教育与培训的重要性［J］．经济学（季刊），2008（4）：1131－1148．

［61］王海港，黄少安，李琴，罗凤金．职业技能培训对农村居民非农收入的影响［J］．经济研究，2009，44（9）：128－139．

［62］王珊，张安录，张叶生．农地城市流转的农户福利效应测度［J］．中国人口·资源与环境，2014，24（3）：108－115．

［63］王雪，罗鹏，张莉．湛江渔民转产转业政策实施的绩效评估［J］．当代经济，2011（5）：121－123．

［64］王宇，王文玉．伦理学与经济学［M］．北京：商务印书馆，2003．

［65］魏玲，张安录．农地城市流转福利增量分配不均衡实证分析——

基于广东21市的三层次土地市场运行数据 [J]. 东北大学学报（社会科学版），2017，19（1）：47-53.

[66] 吴士炜，汪小勤. 基于 Sen 可行能力理论测度中国社会福利指数 [J]. 中国人口·资源与环境，2016，26（8）：49-55.

[67] 吴树敬，林传平. 浅析捕捞渔民转产转业的难点及对策 [J]. 渔业经济研究，2006（6）：35-38.

[68] 吴要武. 产业转移的潜在收益估算——一个劳动力成本视角 [J]. 经济学（季刊），2014，13（1）：373-398.

[69] 向书坚. 福利水平的可持续性评价研究 [J]. 中南财经政法大学学报，2007（1）：3-9.

[70] 徐敬俊，吕浩. 捕捞渔民转产转业的沉淀成本分析 [J]. 中国渔业经济，2008（8）：77-82.

[71] 许燕，施国庆，等. 失海渔民可持续生计研究 [M]. 北京：科学出版社，2017.

[72] 许洋. 劳动力就业稳定性影响因素及其家庭福利效应的研究 [D]. 南昌：华东交通大学，2018.

[73] 杨爱婷，宋德勇. 中国社会福利水平的测度及对低福利增长的分析——基于功能与能力的视角 [J]. 数量经济技术经济研究，2012，29（11）：3-17.

[74] 杨坚，李彦亮，陈家勇，等. 关于沿海渔民转产转业问题的政策建议 [J]. 中国渔业经济，2002（1）：20-27.

[75] 苑会娜. 进城农民工的健康与收入——来自北京市农民工调查的证据 [J]. 管理世界，2009（5）：56-66.

[76] 张丽. 上海市渔民转产转业中渔村妇女就业状况研究 [D]. 上海海洋大学，2016.

[77] 张培刚，张建华. 发展经济学 [M]. 北京：北京大学出版社，2009：388-390.

[78] 张爽，陆铭，章元. 社会资本的作用随市场化进程减弱还是加强？——来自中国农村贫困的实证研究 [J]. 经济学（季刊），2007

（2）：539－560.

[79] 张晓敏. 城乡劳动力流动对儿童福利的影响 [D]. 呼和浩特：内蒙古大学，2016.

[80] 赵秀君，高进云. 被征地农民福利水平影响因素差异分析——基于 Sen 的可行能力理论和结构方程模型 [J]. 天津农业科学，2019，25（1）：65－71.

[81] 中华现代汉语词典 [M]. 北京：华语教学出版社，2011：1503.

[82] 钟甫宁. 农民问题与农村人力资源开发 [J]. 现代经济探讨，2003（9）：3－6.

[83] 周弘. 福利的解析——来自欧洲的启示 [M]. 上海：上海远东出版社，1998.

[84] 周逸先，崔玉平. 农村劳动力受教育与就业及家庭收入的相关分析 [J]. 中国农村经济，2001（4）：60－67.

[85] 朱坚真，师银燕. 北部湾渔民转产转业的政策分析 [J]. 太平洋学报，2009（8）：77－82.

[86] 朱文伟. 河南省农村劳动力转移培训：成效、问题及应对策略 [J]. 农业经济，2013（8）：105－107.

[87] 朱晓莉，杨正勇. 上海淀山湖水源保护区渔民转产转业影响因素的实证分析 [J]. 农业技术经济，2008（3）：106－112.

[88] 邹薇，张芬. 农村地区收入差异与人力资本积累 [J]. 中国社会科学，2006（2）：67－79.

[89] Aakvik, Arild, James J. Heckman, Edward J. Vytlacil. Estimating treatment effects for discrete outcomes when responses to treatment vary: an application to Norwegian vocational rehabilitation programs [J]. Journal of Econometrics, 2005 (125): 15－51.

[90] Ajzen I. From intentions to actions: A theory of planned behavior. In: Kuhl J, Beckman J, (Eds.), Action control: From cognition to behavior. Heidelberg [J]. Germany: Springer, 1985: 11－39.

[91] Ajzen I. The theory of planned behavior [J]. Organizational Behavior and Human Decision Processes, 1991 (50): 179 – 211.

[92] Ali A, Abdulai A. The adoption of genetically modified cotton and poverty reduction in Pakistan [J]. Journal of Agricultural Economics, 2010, 61 (1): 175 – 192.

[93] Alkire S, Black R. A practical reasoning theory of development ethics: furthering the capabilities approach [J]. Journal of International Development, 1997, 9 (2): 263 – 279.

[94] Anderson L G. Potential Economic Benefits from Gear Restrictions and License Limitation in Fisheries Regulation [J]. Land Economics, 1985, 61 (4): 409 – 418.

[95] Armitage C J, Conner M. Efficacy of the theory of planned behavior: A meta-analytic review [J]. British Journal of Social Psychology, 2001 (40): 471 – 499.

[96] Basu, Arnab K. Impact of rural employment guarantee schemes on seasonal labor markets: optimum compensation and workers' welfare [J]. The Journal of Economic Inequality, 2013, 11 (1): 1 – 34.

[97] Becerril J, Abdulai A. The impact of improved maize varieties on Poverty in Mexico: a propensity score matching approsch [J]. World Development, 2010, 38 (7): 1024 – 1035.

[98] Becker G. Human Capital: A Theoretical and Empirical Analysis with Special Reference to Education [M]. New York: Columbia University Press, 1964.

[99] Becker G S. A Theory of the Allocation of Time [J]. The Economic Journal, 1965, 75 (299): 493 – 517.

[100] Beddington J R, Agnew D J, Clark C W. Current Problems in the Management of Marine Fisheries [J]. Science, 2007, 316 (5832): 1713 – 1716.

[101] Berkes F, Mahon R, Mcconney P, et al. Managing small-scale

fisheries: alternative directions and methods [J]. International Development Research Centre, 2001.

[102] Bliss C, Stern N. Productivity, wages and nutrition: parts I and II [J]. Journal of Development Economics, 1978, 5 (4): 331 – 398.

[103] Blundell R, Dias M C. Alternative Approaches to Evaluation in Empirical Microeconomics [J]. The Journal of Human Re-sources, 2009, 44 (3): 565 – 640.

[104] Béné C, Hersoug B, Allison E H. Not by rent alone: analysing the pro-poor functions of small-scale fisheries in developing countries [J]. Development Policy Review, 2010 (28): 325 – 358.

[105] Bratt R G. Housing and family well-being [J]. Housing Studies, 2002, 17 (1): 13 – 26.

[106] Byun S Y, Meece J L, Irvin M J, et al. The Role of Social Capital in Educational Aspirations of Rural Youth [J]. Rural Sociology, 2012, 77 (3): 355 – 379.

[107] Caliendo M, Kopeinig S. Some practical guidance for the implementation of propensity score matching [J]. Journal Economic Surveys, 2008, 22 (1): 31 – 72.

[108] Campbell H F, Lindner R K. The Production of Fishing Effort and the Economic Performance of Licence Limitation Programs [J]. Land Economics, 1990, 66 (1): 56 – 66.

[109] Chin W W. The partial least squares approach to structural equation modeling [J]. Modern methods for business research, 1998, 295 (2): 295 – 336.

[110] Chu L, Kompas T. Targets and Fisheries Management in the Asia and Pacific Region [J]. Asia & the Pacific Policy Studies, 2014, 1 (3): 615 – 622.

[111] Clark D. A. Concepts and perceptions of human well-being: some evidence from South Africa [J]. Oxford Development Studies, 2003,

31 (2): 173 – 196.

[112] Coleman J, Carothers C, Donkersloot R, et al. . Alaska's Next Generation of Potential Fishermen: a Survey of Youth Attitudes Towards Fishing and Community in Bristol Bay and the Kodiak Archipelago [J]. Maritime Studies, 2018: 1 – 2.

[113] Degnbol P, Mccay B J. Unintended and perverse consequences of ignoring linkages in fisheries systems [J]. ICES Journal of Marine Science, 2007, 64 (4): 793 – 797.

[114] Di Tommaso M L, Shima I, Strøm S, et al. As bad as it gets: Well-being deprivation of sexually exploited trafficked women [J]. European Journal of Political Economy, 2009, 25 (2): 143 – 162.

[115] Dong F X. The outlook for Asian dairy markets: The role of demographics, incomes, and prices [J]. Food Policy, 2006, 31 (3): 260 – 271.

[116] Donkersloot R, Carothers C. The Graying of the Alaskan Fishing Fleet [J]. Environment Science & Policy for Sustainable Development, 2016, 58 (3): 30 – 42.

[117] Elena M. Finkbeiner, Xavier Basurto. Re-defining co-management to facilitate small-scale fisheries reform: An illustration from northwest Mexico [J]. Marine Policy, 2015 (51): 433 – 441.

[118] European Commission (EC). Regulation of the European Parliament and of the Council (EU). No 508/2014 of 15 May 2014 on the European Maritime and Fisheries Fund. Brussels, Belgium, 2014b.

[119] FAO. State of World Fisheries and Aquaculture [R]. Rome, 2012.

[120] FAO. The State of World Fisheries and Aquaculture: Opportunities and Challenges [R]. Rome, 2014.

[121] Fiona Nunan. Wealth and welfare? Can fisheries management succeed in achieving multiple objectives? A case study of Lake Victoria, East

Africa [J]. Fish and Fisheries, 2014, 15 (1): 134 – 150.

[122] Fishbein M. An investigation of the relationships between beliefs about an object and the attitude toward that object [J]. Human Relations, 1963, 16: 233 – 240.

[123] Foladare I S. A clarification of ascribed status and achieved status [J]. The Sociological Quarterly, 1969, 10 (1): 53 – 61.

[124] Friedlander D, Greenberg D H, Robins P K. Evaluating govern-ment training programs for the economically disadvantaged [J]. Journal of Economic Literature, 1997, 35 (4): 1809 – 1855.

[125] Gardner D G, Dyne L V, Pierce J L. The effects of pay level on organization-based self-esteem and performance: A field study [J]. Journal of Occupational and Organizational Psychology, 2004, 77 (3): 307 – 322.

[126] Gates, John, Dan Holland, Eyjolfur Gudmundsson ' Theory and Practice of Fishing Vessel Buyback Programs, ' unpublished paper, Uni-versity of Rhode Island, 1996.

[127] Graham C, Pettinato S. Frustrated achievers: winners, losers and subjective well-being in New Market Economies [J]. Journal of Develop-ment Studies, 2002, 38 (4): 100 – 140.

[128] Graham C. The economics of happiness [J]. World Economics, 2005, 6 (3): 41 – 55.

[129] Hagan R, Jones A M, Rice N. Health and Retirement in Europe [J]. International Journal of Environmental Research and Public Health, 2009 (10): 2676 – 2695.

[130] Heckman J, and Navarro – Lozanoo S. Using matching, instru-mental Variables, and control functions to estimate economic choice models [J]. Review of Economics and Statistics, 2004 (86): 30 – 57.

[131] Hilborn R. Defining success in fisheries and conflicts in objec-tives [J]. Marine Policy, 2007, 31: 153 – 158.

[132] Hill R J. Belief, Attitude, Intention and Behavior: An Intro-

duction to Theory and Research. by Martin Fishbein; Icek Ajzen [J]. Philosophy & Rhetoric, 1975, 41 (4): 842 – 844.

[133] Hirschberg J G, Maasoumi E, Slottje D J. Clusters of attributes and well-being in the USA [J]. Journal of Applied Econometrics, 2001, 16 (3): 445 – 460.

[134] Holen D. The dynamic context of cultural and social sustainability of communities in Southwest Alaska [J]. Journal of Enterprising Communities People and Places in the Global Economy, 2009, 3 (3): 306 – 316.

[135] Holland D, Gudmundsson E, Gates J. Do Fishing Vessel Buyback Programs Work: A Survey of the Evidence [J]. Marine Policy, 1999 (23): 47 – 69.

[136] Homans F R, Wilen J E. A Model of Regulated Open Access Resource Use [J]. Journal of Environmental Economics & Management, 1997, 32 (1): 1 – 21.

[137] ILO. Decent work, report of the director general [C]. //Proceedings 1999 87th Session of International Labor Conference. Geneva: International Labor Office, 1999: 3 – 4.

[138] ILO. Guide to the new millennium development goals employment indicators: Including the full set of decent work indicator [R]. Geneva: International Labor Office, 2009.

[139] Jackson J B, Kirby M X, Berger W H, et al. Historical overfishing and the recent collapse of coastal ecosystems [J]. Science, 2001 (293): 629 – 637.

[140] Jalan J, Ravallion M. Does Piped Water Reduce Diarrhea for Children in Rural India? [J]. Journal of Econometrics, 2003, 112 (1): 153 – 173.

[141] Jeffry A T. The entrepreneur mind [M]. Acton, MA: Brick House Publishing, 1989.

[142] Johnston, Robert J, Swallow, at el. Spatial factors and stated

preference values for public goods: considerations for rural land use [J]. Land Economics, 2002, 78 (4): 481 –500.

[143] Kassie M, Shiferaw B, Muricho G. Agricultural Technology, Crop Income, and Poverty Alleviation in Uganda [J]. World Development, 2011, 39 (10): 1784 –1795.

[144] Knight J, Gunatilaka R. Aspirations, adaptation and subjective well-being of rural-urban migrants in China [J]. Economics, 2008, 38 (1): 113 –124.

[145] Knight J, Gunatilaka R. The rural-urban divide in China: Income but not happiness? [J]. The Journal of Development Studies, 2010, 46 (3): 506 –534.

[146] LaLonde R J. The promise of public sector-sponsored training programs [J]. Journal of Economic Perspectives, 1995, 9 (2): 149 – 168.

[147] Lee E S. A theory of migration [J]. Demography, 1966, 3 (1): 47 –57.

[148] Lee S G, Midani A R. Productivity change under the vessel buy-back program in Korean fisheries [J]. Fisheries Science, 2015, 81 (1): 21 –28.

[149] Lewis W A, Economic development with unlimited supply of labor [J]. The Manchester School of Economic and Social Studies, 1954, 47 (3): 139 –191.

[150] Lotze H K, Lenihan H S, Bourque B J, et al. Depletion, Degradation and Recovery Potential of Estuaries and Coastal Seas [J]. Science, 2006, 312 (5781): 1806 –1809.

[151] Lucas R. On the Mechanics of Economic Development [J]. Journal of Monetary Economics, 1988, 22 (1): 3 –42.

[152] Luchters G, Menkhoff L. Chaotic signals from HDI measurement [J]. Applied Economics Letter, 2000, 7 (4): 267 –270.

[153] Ma H, Huang J, Fuller F, et al. Getting rich and eating out: consumption of food away from home in urban China [J]. Canadian Journal of Agricultural Economics, 2006, 54 (1): 101 – 119.

[154] Majumder A. The state and plight of Indian women: a multidimensional assessment of well-being based on Sen's functioning approach [C]//International Conference of the Human Development and Capability Association: Freedom and Justice, September, Groningen, the Netherlands, 2006.

[155] Manning D T, Taylor J E, Wilen J E. Market integration and natural resource use in developing countries: a linked agrarian-resource economy in Northern Honduras [J]. Environment and Development Economics, 2014, 19 (2): 133 – 155.

[156] Marchal P, Andersen J L, Aranda M, et al. A Comparative Review of Fisheries Management Experiences in the European Union and in other Countries Worldwide: Iceland, Australia, and New Zealand [J]. Fish and Fisheries, 2016, 17 (3): 803 – 824.

[157] Mariapia M. Agricultural Technology Adoption and Poverty Reduction: A Propensity-score Matching Analysis for Rural Bangladesh [J]. Food Policy, 2007 (32): 372 – 393.

[158] Miguez G C, Maria Dolores Garza Gil, Lafuente M M V. Institutions and management of fishing resources: The governance of the Galician model [J]. Ocean and Coastal Management, 2008, 51 (8 – 9): 625 – 631.

[159] Mirowsky J, Ross C E. Education, Personal Control, Lifestyle and Health: A Human Capital Hypothesis [J]. Research on Aging, 1998, 20 (4): 415 – 449.

[160] Nordin M, Blomquist J, Waldo S. The income penalty of farming and fishing: results from a sibling approach [J]. European Review of Agricultural Economics, 2016, 43 (3): 383 – 400.

[161] Nussbaum M. Capabilities as fundamental entitlements: Sen and Social Justice [J]. Feminist Economics, 2003, 9 (2): 33 –59.

[162] Nussbaum M C. Human capabilities female human beings [J]. Women Culture & Development, 1995: 61 – 105.

[163] Nussbaum M. Women and human development. The capabilities Approach [M]. Cambridge: Cambridge University Press, 2000.

[164] Paris D E, Kangari R. Multifamily Affordable Housing: Residential Satisfaction [J]. Journal of Performance of Constructed Facilities, 2005, 19 (2): 138 – 145.

[165] Pigou A C. Wealth and Welfare [M]. London: Macmillan, 1912: 1 –3.

[166] Pinstrupandersen P, Caicedo E. The Potential Impact of Changes in Income Distribution on Food Demand and Human Nutrition [J]. American Journal of Agricultural Economics, 1978, 60 (3): 402 –415.

[167] Pitchon A. Sea Hunters or Sea Farmers? Transitions in Chilean Fisheries [J]. Human Organization, 2011, 70 (2): 200 –209.

[168] Power N G, Norman M E, Dupré Kathryne. The fishery went away: The impacts of long-term fishery closures on young people's experience and perception of fisheries employment in Newfoundland coastal communities [J]. Ecology and Society, 2014, 19 (3): 6.

[169] Rahman M K, Schmidlin T W. The Perception and Impact of Natural Hazards on Fishing Communities of Kutubdia Island, Bangladesh [J]. Geographical Review, 2014, 104 (1): 71 –86.

[170] Ravenstein E G. The laws of migration [J]. Journal of the Royal Statistical Society, 1889, 52 (2): 241 –305.

[171] Robeys I. Sen's capabilities approach and gender inequalities: selecting relevant capabilities [J]. Feminist Economics, 2003, 9 (2): 61 – 92.

[172] Roe B, Irwin E G, Jones H A M. The effects of farmland,

farmland preservation, and other neighborhood amenities on housing values and residential growth [J]. Land Economics, 2004, 80 (1): 55 –75.

[173] Rosenbaum P, Rubin D. The central role of the propensity score in observational studies for causal effects [J]. Biometrika, 1983 (70): 41 –55.

[174] Rosenbaum P R, Rubin D B. Constructing a control group using multivariate matched sampling methods that incorporate the propensity [J]. American Statistician, 1985, 39 (1): 33 –38.

[175] Ross C E, Mirowsky J. Gender and the Health Benefits of education [J]. The Sociological Quarterly, 2010, 51 (1): 1 –19.

[176] Schafft K, Biddle C. Opportunity, Ambivalence, and Youth Perspectives on Community Change in Pennsylvania" s Marcellus Shale Region [J]. Human Organization, 2015, 74 (1): 74 –85.

[177] Sen A K. Capabilities, Lists and public reason: continuing the conversation [J]. Feminist Economics, 2004 (10): 77 –80.

[178] Sen A K. Capability and well-being, in The Quality of Life [M]. Oxford: Clarendon Press, 1993.

[179] Sen A. Why Health Equity [J]. Health Economics, 2002 (8): 659 –666.

[180] Sianesi B. An evaluation of the Swish system of active labour market programmes in the 1990s [J]. Review of Economics and Statistics, 2004, 86 (2): 133 –155.

[181] Spagnolo M. The decommisioning scheme for the Italian clam fishery: A case of success [M]. Blackwell Publishing, 2004.

[182] Squires D, Vestergaard N. Technical Change in Fisheries [J]. Marine Policy, 2013 (42): 286 –292.

[183] Squires D. Fisheries buybacks: a review and guidelines [J]. Fish and Fisheries, 2010 (11): 366 –387.

[184] Stier H. The skill-divide in job quality: A cross-national analysis

of 28 countries [J]. Social Science Research, 2015 (49): 70 – 80.

[185] Strauss J, Thomas D. Health, Nutrition and Economic development [J]. Journal of Economic Literature, 1998, 36 (2): 766 – 817.

[186] Strauss J. Does Better Nutrition Raise Farm Productivity? [J]. Journal of Political Economy, 1986, 94 (2): 297 – 320.

[187] Subrahmanyan S, Tomas Gomez – Arias J. Integrated approach to understanding consumer behavior at bottom of pyramid [J]. Journal of Consumer Marketing, 2008, 25 (7): 402 – 412.

[188] Thorpe A, Ibarra A A, Reid C. The new economic model and marine fisheries development in Latin America [J]. World Development, 2000, 28 (9): 1689 – 1702.

[189] Thurston R C, Kubzansky, L D, Kawachi I, et al. Is the Association between Socioeconomic Position and Coronary Heart Disease Stronger in Women than in Men? American Journal of Epidemiology, 2005 (1): 57 – 65.

[190] Tommaso M L. Measuring the well being of children using a capability approach an application to Indian data. [EB/OL], http: //www. child – centre. it/papers/child05_2006. pdf, 2006.

[191] Walden J B, Kitts K A W. A Limited Economic Assessment of the Northeast Groundfish Fishery Buyout Program [J]. Land Economics, 2003, 79 (3): 426 – 439.

[192] Ward J M, Kelly M. Measuring Management Success: Experience with United States Fisheries [J]. Marine Policy, 2009, 33 (1): 164 – 171.

[193] Weninger Q, Mcconnell K E. Buyback programs in commercial fisheries: efficiency versus transfers [J]. Canadian Economics Association, 2000 (2): 394 – 412.

[194] White, Sandrine C. Getting into fishing: Recruitment and social resilience in north Norfolk's ' Cromer Crab ' fishery, UK [J]. Sociol Rural,

2015, 55 (3): 291 –308.

[195] Winship C, Morgan S L. The estimation of causal effects from observational data [J]. Annual Review of Sociology, 1999 (25): 659 – 707.

[196] World Bank. The Sunken Billions—The Economic Justification for Fisheries Reform. Washington, DC: World Bank, 2009.

[197] Worm B, Hilborn R, Baum J K, Branch T A, Collie J S, Costello C, Fogarty M J, Fulton E A, Hutchings J A, Jennings S, Jensen O P, Lotze H K, Mace P M, Mc Clanahan T R, Minto C, Palumbi S R, Parma A M, Ricard D, Rosenberg A A, Watson R. and Zeller D. Rebuilding Global Fisheries [J]. Science, 2009, 325: 578 –585.

[198] Zheng Z H, Henneberry S R. The impact of changes in income distribution on current and future food demand in urban China [J]. Journal of Agricultural and Resource Economics, 2010, 35 (1): 51 –71.